I DETTAGLI DEL MALE

ELISABETTA CAMETTI

I DETTAGLI DEL MALE

PIEMME

Pubblicato per

PIEMME

da Mondadori Libri S.p.A.

ISBN 978-88-566-9785-8

I Edizione novembre 2024

Anno 2024-2025-2026 - Edizione 1 2 3 4 5 6 7 8 9 10

Alla paura,
spesso è l'unica arma che abbiamo per difenderci.

INTRODUZIONE

Lavoro nell'editoria da tanti anni. Scrivo romanzi dove la finzione è solo il modo di narrare eventi realmente accaduti. Affronto casi di cronaca nera e giudiziaria nei programmi televisivi di approfondimento perché studio i comportamenti criminali e l'impatto che la devianza può avere sulle vittime, sulle loro relazioni affettive e sul contesto in cui vivono. Seguo le inchieste: mi affascinano l'intuito e l'esperienza di chi indaga, e mi appassionano le tecniche e i mezzi utilizzati per supportare le attività investigative. Soprattutto, mi interessa percorrere le tappe del viaggio necessario a ricostruire la verità, sia essa processuale e accertata al di là di ogni ragionevole dubbio. Sia assoluta. Dedico molto tempo anche ad ascoltare l'opinione della società su ciò che è successo. La voce di chi sta vivendo il dramma: vittime collaterali, familiari, amici. E la voce di chi lo osserva. Spesso quelle reazioni esprimono altre parti di verità. O intuizioni che sarebbe sbagliato non considerare.

Quando racconto una storia, lo faccio attraverso tutti questi momenti. E attribuisco un grande valore ai dettagli: li cerco nelle persone, nelle cose, nelle situazioni. Poi li metto in evidenza e li collego nel ragionamento che guida la trama: rappresentano i puntini che, uniti dal tratto della matita, svelano il disegno. Nei dettagli si nasconde sempre la risposta, qualsiasi sia la domanda. I dettagli sussurrano, spiegano. Urlano, alcune volte. Sono i dettagli a influenzare il pensiero, a farci cambiare prospettiva e orizzonti, a indirizzare le nostre scelte in una catena di sensazioni e conseguenze. Sono i dettagli a condurci verso un epilogo piuttosto che un altro. Perché è nei dettagli che scorre la vita.

O che si interrompe.

1

Giulia Tramontano

Sembra un abbraccio.

Sono le 16.57 di sabato 27 maggio 2023, quando l'occhio elettronico di una telecamera di sorveglianza riprende due donne, una stretta all'altra. Guardando con più attenzione, è la donna vestita di nero e con i capelli scuri raccolti in una coda ad avvicinarsi a quella bionda, che rimane immobile. I piedi ben ancorati al suolo, la mano sinistra a proteggere la gravidanza, la destra lungo il corpo. Non indietreggia, ma non partecipa.

Quel contatto dura pochi secondi, eppure cambierà per sempre la vita di entrambe. Una verrà uccisa poche ore dopo, con trentasette coltellate. L'altra affronterà il futuro sentendosi per sempre una sopravvissuta.

Sono passate le tredici di lunedì 27 maggio 2024. L'uomo che siede al banco degli imputati pronuncia una frase. Stupiscono la durezza del contenuto e la facilità con cui viene esternata.

«Sono andato a pranzo da mia mamma in auto, a bordo c'era il cadavere di Giulia.»

Forse, se non ci fosse stato quell'abbraccio, Giulia non sarebbe finita dentro un bagagliaio. E Alessandro non avrebbe scoperto di essere uno spietato assassino.

Forse.

Alessandro Impagnatiello è alla sbarra, accusato di omicidio volontario aggravato da premeditazione, crudeltà, futili motivi e rapporto di convivenza. Ma deve rispondere anche per i reati di occultamento di cadavere e di interruzione non consensuale di gravidanza.

Rischia l'ergastolo per avere commesso il peggiore dei reati: ha ucciso la propria compagna incinta di sette mesi.

Ha ucciso Giulia Tramontano e il piccolo Thiago, mai nato.

Thiago. Così Giulia aveva deciso di chiamare il bimbo che portava in grembo: «Dio protegge». Un nome che oggi sembra un presagio. Forse Giulia nutriva dei sospetti, percepiva il pericolo. Forse, inconsciamente, temeva che solo Dio avrebbe potuto salvare il suo bambino. Oppure, voleva dare voce al desiderio di ogni madre: sapere il proprio figlio al sicuro per sempre. Qualsiasi sia stato il motivo di quella scelta, l'amore smisurato che Giulia provava per Thiago non è riuscito a proteggerlo. E Dio aveva altri progetti quel giorno.

In questa storia i protagonisti non sono solo Giulia, Thiago, Alessandro Impagnatiello e la donna dai capelli scuri. Ci sono elementi che hanno giocato un ruolo importante: un rossetto, il test di paternità, un paio di guanti azzurri, del topicida, un carrellino portapacchi, una bruciatura sulla vasca da bagno, delle meduse, un tappeto. Oltre a quell'abbraccio.

Ognuno di essi rappresenta un dettaglio. Un puntino che unito al successivo permette di mostrare l'illustrazione completa. Il foglio su cui le relazioni di causa ed effetto hanno scritto la narrazione.

E allora dobbiamo tornare alle prime ore di giovedì 1° giugno 2023, quando il corpo di Giulia viene trovato in un'intercapedine nascosta tra i box auto di un parcheggio condominiale. Uno spazio sporco, affollato da erbacce e immondizia.

Il posto che Alessandro Impagnatiello ha scelto per occultare, avvolto nel cellophane, ciò che restava di lei, dopo averla accoltellata con una violenza senza limiti e dopo averle dato fuoco nella vasca da bagno, nel tentativo di distruggere il cadavere, che ha poi tenuto nel garage, in cantina e nel bagagliaio dell'auto, prima di liberarsene come si fa con un sacco di rifiuti.

In quel momento Giulia smette di essere una persona scomparsa e diventa la vittima di un omicidio. Di un femminicidio.

Di lei si erano perse le tracce dal sabato sera precedente.

Giulia Tramontano aveva ventinove anni. Originaria di Sant'Antimo, nel napoletano, da cinque anni si era trasferita a Senago, in provincia di Milano. Lavorava come agente immobiliare e da novembre 2021 viveva al secondo piano di una palazzina in via Novella insieme all'uomo con cui aveva deciso di creare una famiglia. Il suo carnefice.

«Sempre premurosa, attenta ai bisogni degli altri» così la ricorda Chiara, la sorella. Una «inguaribile sognatrice», che si è allontanata dalla sua casa in meridione per dimostrare di essere indipendente e in grado di costruirsi una «carriera solida» e «un futuro migliore».

Lunghi capelli chiari, un sorriso gentile e occhi espressivi spiccano sulle fotografie che la ritraggono. Ma anche il tatuaggio che le disegnava il braccio sinistro. In uno degli ultimi scatti, posa in costume nell'acqua di un mare turchese: sotto l'ala di un cappello di paglia sfiora il pancione con le dita, mentre lo sguardo accarezza la vita che sta per nascere.

Il tatuaggio e il pancione sono proprio i particolari sui quali Chiara attira l'attenzione dei telespettatori per orientare le ricerche, durante i suoi appelli.

Davanti a microfoni e riflettori, prima che il cadavere sia rinvenuto, Chiara si rivolge anche alla sorella, spinta dalla speranza che Giulia stia attraversando un brutto momento e non abbia il coraggio di chiedere aiuto: «Se qualcosa ti sta turbando, noi non vogliamo che sentircelo dire».

Ma in cuor suo, Chiara sa che Giulia non si allontanerebbe mai senza dare notizie, perché è molto legata a lei, al fratello Mario, a papà Franco. Soprattutto a mamma Loredana. Non li farebbe mai preoccupare.

È proprio Loredana a capire subito che quel silenzio è strano. Sospetto.

Ogni domenica mattina lei e Giulia hanno l'abitudine di sentirsi, una telefonata spensierata che dura almeno mezz'ora: i discorsi spaziano dallo stato di salute di Giulia ai suoi progetti di futura mamma. Si confrontano su tutto e si distraggono parlando del corredino per Thiago: sono state in un negozio a Sant'Antimo dove hanno dato un'occhiata a tutine, bavaglioli e lenzuolini.

Ma quella domenica inizia in modo diverso. Giulia non risponde.

Verso le nove, Loredana le invia un'immagine divertente. Non l'ha ancora sentita e vorrebbe strapparle un sorriso. Sa che è un periodo complicato per lei. Tempo prima, in una videochiamata le aveva confidato: «Ho due notizie, una bella e una brutta. La bella è che aspetto un bambino, la brutta è che Alessandro ha una relazione con un'altra donna». Sebbene Giulia abbia deciso di provare a dare ancora fiducia ad Alessandro, sebbene abbiano organizzato una festa per svelare il sesso del nascituro e poi si siano presi qualche giorno di vacanza insieme, il cuore di mamma le dice che sua figlia non è felice.

Vedendo che Giulia non commenta, Loredana si fa venire il dubbio di essere stata inopportuna: cancella il messaggio e rimane in attesa di una chiamata. Invano. Allora le scrive di essere in pensiero, pregandola di rispondere. Quel messaggio su WhatsApp non verrà mai visualizzato.

Loredana è sempre più inquieta, le sembra di impazzire dall'ansia che prova. Non vuole allarmare gli altri membri della famiglia, né rivolgersi ad Alessandro. Così, nel pomeriggio decide di farsi aiutare dalla madre di lui, con cui Giulia è in buoni rapporti.

Sabrina ha le chiavi di casa dei due e si propone di andare a verificare che sia tutto a posto. Alle 17.20 la ricontatta proprio dal loro appartamento: Giulia non c'è.

Un'ora e mezzo più tardi, Loredana risponderà alla telefonata che non avrebbe mai voluto ricevere: Alessandro sta andando dai carabinieri a denunciare la scomparsa di Giulia.

Il viaggio che quella notte porta Loredana, insieme alla famiglia, da Sant'Antimo a Senago è più terribile di qualsiasi incubo. Lo trascorre nel panico e a rileggere la chat con la figlia. L'ultima volta che ha sentito la sua voce è in un vocale delle 12.56 del giorno precedente. L'ultimo messaggio risale alle 21.43, sempre di sabato. Loredana le domandava: «Cos'è successo stavolta?» Perché sì, sentiva che qualcosa era successo. Qualcosa di drammatico, ancora peggiore del comportamento ambiguo di Alessandro, che tanto la faceva soffrire. Ma mai avrebbe potuto immaginare che la risposta ricevuta dal cellulare di

Giulia fosse stata scritta proprio da Impagnatiello: «Non ti preoccupare madre ora vado a riposare». Parole digitate dall'assassino con le mani ancora sporche di sangue.

«Sono uscito di casa mentre Giulia dormiva. Al mio ritorno, non l'ho più trovata.»

La sera di domenica 28 maggio 2023, Alessandro Impagnatiello denuncia la scomparsa della compagna alla stazione dei carabinieri di Senago. Si dice sicuro che si tratti di allontanamento volontario, avvenuto tra le sette e le diciassette di quello stesso giorno: da casa mancano passaporto, bancomat e quattrocento, forse cinquecento euro. Spiega che Giulia se n'è andata dopo avere scoperto che lui si vede con una collega. E ci tiene a precisare che Giulia e la sua amante si sono incontrate per un confronto pacifico il pomeriggio precedente.

La stessa versione la fornisce alla famiglia Tramontano, sottolineando che non sa come Giulia fosse vestita al momento della fuga, né quale borsa abbia portato con sé.

A testimoniare lo sconcerto di Giulia c'è il messaggio ricevuto da un'amica, a cui lei aveva scritto di essere «scossa e turbata», perché proprio quel sabato era venuta a conoscenza della doppia vita di Alessandro. E del fatto che anche la ragazza dai capelli scuri fosse rimasta incinta, nonostante avesse deciso di interrompere la gravidanza.

Questa è anche una storia di bugie e omissioni. Di giuramenti illusori e di simulazioni ingannevoli. Di depistaggi. Tutti riconducibili a un unico soggetto: Alessandro Impagnatiello.

Impagnatiello non aveva ancora compiuto trent'anni all'epoca dei fatti. Nato a Sesto San Giovanni e cresciuto a Senago, lavorava come barman al Bamboo Bar al settimo piano dell'Armani Hotel di Milano. Sui social pubblicava video che lo ritraevano in giacca scura dietro il bancone, mentre preparava cocktail d'autore, esibendo professionalità attraverso gesti ricercati. Le foto di quel periodo lo mostrano compiaciuto, con i capelli rasati sopra le orecchie e il ciuffo modellato dal gel. Viso allungato, fisico esile e un sorriso ammaliante.

«Non era bello, ma aveva mille donne» ha raccontato un amico. Un altro lo definisce «narciso» e un altro ancora «un manipolatore di femmine». Forse la sua arma per sedurre era proprio quell'aspetto curato e pulito da bravo ragazzo.

Nel periodo in cui Giulia lo aveva conosciuto, lui si era già lasciato con la compagna precedente, dalla quale aveva avuto un figlio. Il bambino frequentava le elementari e i rapporti con la ex erano cordiali.

Ciò che Giulia non immaginava era che Alessandro avrebbe potuto tradirla fino a crearsi una vita parallela. E che avrebbe potuto annientarla a colpi di lama, se lei lo avesse scoperto, mettendo a rischio l'immagine di uomo di successo che si era costruito nel tempo. La maschera dietro cui si nascondeva.

«Non ero stressato solo per la gestione delle due ragazze, ma anche perché sul lavoro si era venuto a sapere» dichiarerà Impagnatiello agli inquirenti, durante l'interrogatorio di convalida del fermo nel carcere di San Vittore.

Nel giugno 2022 la ragazza dai capelli scuri incontra per la prima volta Alessandro Impagnatiello. Si chiama Allegra. È di nazionalità italo-inglese, ha poco più di vent'anni e ha appena ottenuto un lavoro da cameriera nel locale esclusivo dove lui è responsabile del bar. Alessandro la corteggia da subito. Dopo qualche settimana cominciano a frequentarsi: alcune volte passano la notte da lei, quasi mai a casa di lui. In seguito emergerà che Alessandro la ospitava quando Giulia era a Sant'Antimo dai genitori. In quelle occasioni si preoccupava di fare sparire le fotografie e gli oggetti che avrebbero potuto rivelare la sua presenza, visto che sosteneva di averla lasciata.

«Lui da dicembre mi diceva che Giulia non c'era più nella sua vita.» Allegra è in aula, seduta al banco dei testimoni. «Che si erano lasciati, perché la relazione non andava bene e che era stato lui a non voler stare più con lei e a volere andare avanti.»

A gennaio Allegra si accorge di essere incinta, ma non sa che lui e Giulia vivono ancora insieme. «Quando ho deciso di abortire, Alessandro era con me. Mi ha raccontato una bugia anche quella mattina, per giustificare il suo ritardo. Mi ha detto che aveva avuto un piccolo incidente in auto. In realtà, era a piedi perché l'auto ce l'aveva Giulia. È arrivato molto in ritardo. Poi mi ha detto che la sera lavorava e non poteva stare con me. In realtà, doveva tornare da Giulia.»

Passano mesi prima che Allegra si renda conto che la relazione non è finita. Sul cellulare di lui scopre gli scatti e i video della vacanza a Ibiza: non è insieme agli amici, come le aveva raccontato. Ma con Giulia.

C'è un particolare che la colpisce: Giulia è incinta, il suo pancione spicca su tutte le fotografie.

Si sente presa in giro e affronta Alessandro, insiste per avere spiegazioni. Lui giura che il legame sentimentale con Giulia si è interrotto da tempo, ma si dice costretto a starle vicino perché emotivamente fragile, bipolare. E perché minaccia il suicidio. È il motivo per cui si è offerto di aiutarla, tanto da portarla in vacanza. Con convinzione, nega di essere il padre del bambino, esibendo il referto di un esame del dna. E il 20 maggio, quando Allegra compie gli anni, lui le fa una promessa: da settembre sarà ufficialmente fidanzato con lei.

Allegra vuole crederci e accetta la versione secondo cui la gravidanza è frutto di un incontro occasionale che Giulia ha avuto con uno sconosciuto a Napoli. Finché sul tablet di Alessandro non trova tracce delle ricerche fatte per falsificare il **TEST DI PATERNITÀ**.

Ne ha abbastanza delle sue bugie, decide di mollarlo. Ma decide anche di contattare Giulia, sicura che sia vittima delle stesse menzogne. «Ho chiamato Giulia e le ho detto chi ero. Le ho raccontato la situazione e che ero rimasta incinta anch'io. Volevo dirglielo, avrei voluto saperlo anch'io al suo posto. Mi ha detto che voleva vedermi.»

La telefonata dura otto minuti. Ma prima di darsi appuntamento, le due donne continuano a confrontarsi in un intenso scambio di messaggi. Entrambe cercano conferme ai loro sospetti.

Con un vocale, Allegra chiede a Giulia chi sia il padre del suo bambino. Giulia ribatte decisa: «Alessandro è il padre di mio figlio». E le propone di vedersi quella stessa sera.

«Vieni quando finisce lui o quando vuoi» scrive Allegra, aggiungendo una notizia. «Gli altri al lavoro sanno tutto, quindi sono sicura che mi lascerebbero scendere per questa cosa.»

«Ah, lo sanno tutti? Madonna... Non dirgli che vengo, ci vediamo dopo.»

La chat continua, perché Giulia è turbata e ha sete di risposte. «Toglimi una curiosità. Lui venerdì è partito dicendo che andava con un amico fuori a fare una grigliata. Per caso era con te? Hanno passato la notte fuori.»

«Era con me per il mio compleanno. Ha dormito da me... Ma io e lui ci frequentiamo da luglio circa.»

Giulia e Allegra sono rivali, però dal loro scambio di

messaggi non trapela rancore. Solo la consapevolezza di essere state ingannate, tradite. Manipolate dallo stesso uomo.

«Mi spiace tanto lo giuro. Mi spezza il cuore» digita Allegra.

«Non hai perso nulla. È un pezzo di merda. Adesso perderà tutto pian piano, lo posso giurare su mio figlio» replica Giulia. «Sappi che lui negherà fino alla morte. Quindi ti prego, caccia tutte le prove che hai.»

«Le prove che ho sono mille. Da quando ho scoperto tutto io ho iniziato a registrare le nostre conversazioni. Ti farò ascoltare tutto.»

Giulia è amareggiata, delusa, arrabbiata. Così sconvolta, da decidere di anticipare l'incontro al pomeriggio. Non vuole perdere tempo: Alessandro merita di essere messo con le spalle al muro il prima possibile. Ne parla con il fratello e si fa accompagnare in auto dalla madre di Alessandro, che tenta di calmarla e di dissuaderla in ogni modo.

Le due ragazze si danno appuntamento davanti all'Armani Hotel. Non sono ancora scoccate le diciassette di sabato 27 maggio 2023. Appena Giulia arriva, Allegra le corre incontro e la stringe in un **ABBRACCIO**. Parlano a lungo, per un'ora e ventitré minuti.

Durante la terza udienza del processo, in aula viene fatto ascoltare il messaggio vocale che Giulia invia ad Allegra prima di raggiungerla: «Pur di venire al tuo compleanno, mi ha fatto ricevere i mobili per la cameretta del bambino da sola. C'era una libreria lì, io non riuscivo a spostarli. Mi ha detto che andava a una grigliata. Ma che pezzo di merda!»

Allegra scrive: «Ti prego, salvati appena puoi. Proteggi te e tuo figlio. Se avessi scelto di tenere il mio bambino sarei nella stessa situazione tua adesso. Lui avrebbe avuto due figli con due donne diverse allo stesso periodo». E in un messaggio successivo rimarca il concetto: «Io soffro ancora per averci rinunciato. Da una parte lo volevo tenere e ogni giorno ci penso e per quello adesso voglio e devo salvare te e il tuo».

Letta ora, la risposta di Giulia fa venire la pelle d'oca: «Tranquilla. Alessandro ha le ore contate».

Le due donne sono ancora insieme, quando Giulia sente al telefono Alessandro e lo esorta a unirsi a loro: pretende un chiarimento a tre. Invece, lui si precipita a Senago, pronto a tenderle una trappola mortale. E mentre attende che lei varchi la porta per l'ultima volta, cerca in rete come eliminare segni di bruciature dalla vasca da bagno. Secondo gli inquirenti, ha già decretato la sua fine e vuole darle fuoco.

Nel frattempo, Allegra non è tranquilla, continua a inviare messaggi a Giulia, che non ha accolto la sua proposta di trasferirsi da lei per la notte. L'ha guardata allontanarsi, era convinta di lasciare Alessandro. «Prima di andare via mi ha detto che Alessandro non avrebbe mai visto suo figlio nascere, che a lei interessava solo suo figlio.»

L'inquietudine si trasforma in preoccupazione, appena riceve una risposta perentoria, con parole e toni in contrasto con quelli scambiati durante l'incontro. «Giulia mi scriveva che non era stata sincera con me e di lasciarla in pace, perché voleva tornarsene a casa a Sant'Antimo.»

A digitare il messaggio, così come quello mandato a Loredana, è Impagnatiello. Giulia non può più farlo.

Alle 21.50 il cellulare di Giulia si spegne. Allegra scrive ad Alessandro per avere sue notizie. Lui non risponde. Allora lei lo chiama, invitandolo a passarle Giulia. Lui adduce una serie di scuse: all'inizio racconta che la compagna sta dormendo, ma quando lei gli chiede di mostrarle la camera da letto, Alessandro ribatte che Giulia è uscita per andare da un'amica.

Da quel momento, Allegra non si sente più al sicuro.

Alessandro comincia a tempestarla di telefonate e messaggi, vuole vederla. Sa che il suo turno finisce intorno all'una e trenta di notte e va ad aspettarla alla fermata del tram. Spaventata, lei si fa accompagnare a casa da un amico. Alessandro la raggiunge dove abita e si attacca al citofono. È insistente, ma lei non gli permette di entrare.

«Avevo paura di lui, non sapevo di cosa fosse capace. E non sapevo che fine avesse fatto Giulia.» Gli inquirenti sono convinti che la scelta di tenerlo fuori e parlargli dalla finestra le abbia salvato la vita. Il pubblico ministero (PM) che sigla la richiesta di custodia cautelare in carcere per Impagnatiello, sul documento evidenzia proprio il concreto pericolo di reiterazione del reato nei confronti della giovane italo-inglese.

Domenica, mentre Alessandro sta per uscire dal lavoro, Allegra nota dei **GUANTI AZZURRI** di lattice sbucare dal suo zaino. Li fotografa. Poi contatta sui social la sorella di Giulia. Vuole accertarsi che Giulia stia bene e verificare la diagnosi di bipolarismo e disturbi mentali che lui ha avanzato. Scoperta l'ennesima invenzione, informa Chiara dell'accaduto e decide di recarsi dai carabinieri.

Il suo primo verbale è all'1.40 della notte tra domenica e lunedì: tre lunghe ore di colloquio, in cui confessa tutti i propri sospetti e fornisce dettagli utili a strappare la maschera ad Alessandro. E a incastrarlo.

I militari avevano già registrato una serie di incongruenze nella denuncia di scomparsa presentata da Impagnatiello: alcuni particolari della sua ricostruzione della sera di sabato e della giornata di domenica non li avevano convinti.

Alessandro fa mettere a verbale che Giulia lo ha scaricato appena rientrata a casa, dopo l'incontro con la sua amante: «Ha concluso che avrebbe portato avanti la gravidanza e che la relazione ormai era finita».

Secondo la sua versione, quel sabato sera Giulia esce intorno alle ventitré per acquistare le sigarette. Lui non aspetta di vederla rincasare, sale sulla sua Volkswagen T-Roc bianca e si dirige a Milano con l'obiettivo di procurarsi dell'hashish. Rientra verso le tre di notte, Giulia sta dormendo con il televisore acceso e non si sveglia nemmeno quando lui lascia l'appartamento per recarsi al lavoro, ore dopo.

Sono proprio le bugie ad attirare l'attenzione dei carabinieri. Impagnatiello non dice di essere andato da Allegra, ma da un pusher a Milano, in viale Certosa al numero trecentonovanta. Un civico che non esiste. Come non esiste l'amica Samantha, dalla quale lui sostiene possa essersi trasferita Giulia.

Nel suo racconto si susseguono buchi temporali, spiegazioni inverosimili ed elementi che risulteranno presto in contrasto con le immagini delle telecamere, con i dati delle celle e dei tabulati telefonici.

Ma a insospettire chi indaga sono anche i messaggi che Alessandro ha inviato a Giulia domenica e nei giorni successivi alla denuncia di scomparsa. Parole che, lette oggi, testimoniano la sua freddezza, la sua insensibilità. Dopo averla investita con una serie efferata di coltellate e averla guardata morire dissanguata, su WhatsApp le chiedeva: «Dove sei?»

Una domanda che ha ripetuto come un tormentone, in messaggi mandati a poche ore l'uno dall'altro. «Baby dove sei?», «Mi chiami per favore?»

Si rivolgeva a lei con un vezzeggiativo: *Tata*. Alcune volte, *Giuliet*. Sul cellulare aveva registrato il suo numero con un altro nomignolo: *Baby*. E si mostrava preoccupato per il suo stato di salute: «Hai il pieno delle ragioni, ma voglio chiederti solo un favore. Dicci solo che stai bene. Dicci che sei fuggita in qualche Paese lontano per buttare giù tutto. Solo questo, ti prego».

Messaggi inviati per depistare le forze dell'ordine. Ma che esprimono anche qualcosa di più profondo. Macabro. «Mi hai fatto esplodere il cuore. Non volevo spezzare il tuo io invece.» E ancora: «Non volevo che non ti brillassero più gli occhi quando stavamo insieme».

Quel cuore e quegli occhi che lui ha voluto colpire con la lama di un coltello da cucina.

Fa riflettere anche il messaggio con cui sembra volerla rimproverare. Sono le 7.43 di mercoledì mattina e lui si è appena liberato del suo cadavere, quando le scrive: «Tata, ho i giornalisti che mi stanno molestando sotto casa, ti prego è invivibile così...» aggiunge l'emoticon delle mani che pregano «...mia mamma piange, mio fratello e Luciano pure, ti prego, fallo per il mio primo figlio! Lo sai quanto è legato a te. Siamo al quarto giorno oggi, finiscila con questa storia e batti un colpo, ti supplico».

Ulteriori tentativi di depistaggio verranno scoperti in seguito, grazie all'analisi tecnico-informatica del suo cellulare. In rete aveva cercato «invio programmato WhatsApp»: nelle sue intenzioni c'era quella di mandare messaggi postdatati dal cellulare di Giulia, per continuare a tenere viva l'ipotesi dell'allontanamento volontario. Ma aveva consultato il web anche per capire «quali sono gli odori che possono dare fastidio ai cani», allo scopo di ingannare il loro fiuto durante le ricerche di Giulia.

E mentre era sotto casa di Allegra, la notte dell'omicidio, guardava i risultati della partita Atalanta-Inter.

Le indagini proseguono a ritmo serrato. Se il comportamento di Alessandro Impagnatiello conferma i sospetti degli inquirenti, il sopralluogo nell'appartamento dove viveva con Giulia e le intercettazioni fanno emergere i primi indizi.

I carabinieri trovano guanti di lattice azzurri e grossi sacchi dell'immondizia. Lui spiega che i guanti li usa al lavoro durante la preparazione dei cocktail e che i sacchi li ha comperati Giulia per la raccolta differenziata. In realtà, se li era procurati lui, insieme a spugne e detersivi. Acquisti necessari per maneggiare il cadavere, spostarlo, tentare di occultarlo e ripulire la scena del crimine. Giulia verrà rinvenuta avvolta proprio in quei sacchi: uno nero sulla testa, uno giallo su glutei e cosce, uno trasparente a copertura degli arti inferiori. Tutti chiusi con del nastro adesivo. Sporgono solo le braccia e una parte dell'addome.

Alessandro ha una giustificazione anche per il forte odore di benzina che emanano lo zaino e il bagagliaio della sua auto: i contanti che raccoglie come mance li spende in benzina. «Riempio delle taniche e spesso la benzina fuoriesce ovunque. Anche in auto, anche dentro lo zaino.» Invece, il carburante gli era servito per cercare di distruggere il corpo di Giulia.

In mezzo a tante bugie, Impagnatiello non menziona il garage ai militari, dicendo di disporre solo di una cantina. Durante un'intercettazione ambientale, quando il fratello gli chiede il perché di quell'omissione, lui risponde che nel box auto nasconde della droga e non vuole guai. Il vero motivo era che in garage aveva nascosto il cadavere di Giulia.

La svolta arriva mercoledì sera. È il 31 maggio 2023 quando Alessandro Impagnatiello viene iscritto nel registro degli indagati per omicidio aggravato.

I carabinieri della Sezione Investigazioni Scientifiche entrano nell'abitazione: cercano tracce biologiche, riscontri alle testimonianze e agli elementi raccolti.

Uno degli inquilini della palazzina aveva portato all'attenzione dei militari un **CARRELLINO PORTAPACCHI**, trovato abbandonato nello spazio comune dei garage. Il proprietario del negozio di ferramenta di Senago si ricordava di averlo venduto a Impagnatiello giorni prima. Sottoposto al luminol, il carrellino aveva palesato macchie di sangue. Ma già il bagagliaio della T-Roc era risultato positivo alla luminescenza.

Il luminol è una soluzione chimica che permette di rilevare tracce di sangue latenti, non visibili a occhio nudo. Anche sangue lavato o rimosso. Il ferro presente nell'emoglobina reagisce con la sostanza: attraverso la proprietà della chemiluminescenza, produce una luce blu osservabile per circa trenta secondi, in condizioni di buio totale.

Appena gli agenti in tuta bianca spruzzano il luminol nelle varie stanze dell'appartamento, la luce blu generata dal sangue di Giulia diventa protagonista della scena.

Il pavimento della sala si illumina «quasi a giorno» e la luminescenza dura «parecchi minuti».

Le superfici che si accendono raccontano la dinamica di un omicidio brutale: dove è avvenuta l'aggressione, il *modus operandi* e il percorso a cui è stato sottoposto il cadavere, prima di essere gettato in uno spazio angusto. Dimenticato. Ma raccontano anche come la scena del crimine sia stata preparata e poi ripulita in modo maniacale, quasi ossessivo.

Giulia è stata colta di sorpresa alle spalle, tra la cucina

e il salotto. Il fendente alla gola le ha impedito di urlare, proiettando schizzi di sangue sulla parete. La gora che si è formata sul pavimento è stata lavata con cura. Niente sangue sul divano, nemmeno sopra il tappeto. Una prova della premeditazione, secondo gli investigatori: Impagnatiello aveva sgombrato la sala dai pezzi di arredo per non sporcarli e per potere agire con maggiore libertà. Le tracce di sangue isolate sotto il tappeto confermano che era stato arrotolato o tolto, e riposizionato solo in un secondo momento.

Seguendo la luce blu, i carabinieri raggiungono il bagno, dove fotografano l'unica traccia visibile a occhio nudo: la vasca è rovinata da una bruciatura. È lì che Impagnatiello ha trasportato il corpo esanime di Giulia ed è lì che ha tentato di dargli fuoco per la prima volta.

Ma il sangue di Giulia non si ferma tra le mura di casa. La luminescenza infiamma il pianerottolo esterno. Nello spazio di fronte alla porta di ingresso, la luce blu è talmente diffusa da fare ipotizzare che si tratti di un falso positivo. Un sospetto che sfuma appena il luminol accende anche le scale, una rampa dopo l'altra, fino al garage e alla cantina. Quelle stesse scale dove qualcuno aveva notato della cenere e qualcun altro aveva sentito dei rumori di trascinamento.

Mentre sulla strada si affollano i giornalisti, attirati dalla presenza imponente dell'Arma, i rilievi all'interno dell'edificio continuano senza sosta. Dalla cucina vengono repertati alcuni contenitori, delle bottiglie e una serie di oggetti. Tra cui il ceppo dei coltelli, dove si scoprirà essere stata riposta l'arma del crimine, lavata con il sapone: una lama di sei centimetri dal manico nero.

È in quegli istanti concitati che Alessandro Impagnatiello arriva in via Novella, alla guida della sua T-Roc. Indossa un giubbino marrone foderato di pelo. Il cappuccio calato sulla testa copre il berretto che gli oscura il volto. Pare incerto quando le telecamere lo riprendono dentro l'abitacolo: il disagio vince sull'aria spavalda e le labbra sembrano lasciarsi sfuggire qualche pensiero. I carabinieri lo accompagnano in casa. Sono attimi di tensione che non ammettono dubbi. La porta si apre di nuovo e lui ricompare, sempre scortato dai militari. Una voce sovrasta le altre: «Assassino!»

Il cerchio si sta chiudendo, e Impagnatiello si sente stritolato. Crolla. «L'ho uccisa io.»

Confessa e permette agli inquirenti di trovare Giulia in via Monte Rosa, a poco più di cinquecento metri da via Novella. Tra le erbacce, dietro una fila di box auto. Il corpo bruciato è avvolto da un telo di plastica e sacchi dell'immondizia.

Friedrich Nietzsche ci ha insegnato che il sognatore mente a sé stesso, mentre il bugiardo solo agli altri.

Mentire è una regola per chi presenta tratti di personalità narcisistica. E per chi nasconde la propria vita dietro una rete di bugie sarà sempre più facile mentire piuttosto che essere sincero. Perché mentire è un modo per avere il controllo della situazione, per modellare la realtà secondo i propri desideri. Per manipolare gli altri a proprio vantaggio.

Così, una volta espressa la volontà di confessare, Alessandro Impagnatiello ha continuato a fornire una verità parziale, soggettiva. Ingannevole.

Durante l'interrogatorio, nella notte tra il 31 maggio e il 1° giugno, ricostruisce l'accaduto, in un verbale che si chiude alle 3.14 di giovedì mattina. Afferma che, dopo essersi vista con Allegra, Giulia era rincasata intorno alle diciannove. Lo aveva affrontato, seppure con «toni rassegnati». Poi, mentre lui era in sala a mangiare una piadina e lei si stava preparando la cena, aveva riaperto la discussione, sostenendo che «la vita per lei era diventata pesante e non riusciva più a vivere».

Impagnatiello mette in scena la finzione, narra una realtà immaginaria, dove lui è vittima dello sconforto di Giulia e del suo proposito suicidario.

«Mentre veniva verso la sala con il coltello che stava usando per i pomodori, Giulia ha iniziato a procurarsi dei tagli sulle braccia: io a quel punto mi sono alzato dal divano, cercando di avvicinarmi a lei, ma lei mi diceva che non voleva più vivere. Si era già inferta qualche colpo all'altezza del collo e io arrivavo vicino a lei. Per non farla soffrire, le ho inferto anche io tre o quattro colpi all'altezza del collo. Il coltello è caduto a terra davanti al divano. Lei era stremata a terra, e io le dicevo che era finita e che doveva riposarsi.»

Per non farla soffrire. Questo è il punto che vuole sottolineare Impagnatiello: lui uccide Giulia per pietà. Lo dice con la convinzione di chi è abituato a influenzare, circuire, manipolare le persone. E lo fa senza imbarazzo né rimorsi. Perché lui sa pensare solo a sé stesso: gli altri sono il mezzo per raggiungere i propri scopi e soddisfare i propri bisogni. Niente di più.

Il pubblico ministero gli chiede se Giulia abbia cercato di difendersi.

«In maniera debole» risponde lui. Precisando che non ha urlato e che in pochi minuti è finito tutto.

«Quali sono le ferite che si è inferta Giulia?»

«Sicuramente al braccio destro e sicuramente dei colpi al collo, nello stesso punto dove poi l'ho colpita io.»

Una versione che Impagnatiello correggerà di fronte al giudice per le indagini preliminari (GIP), Angela Minerva, durante l'interrogatorio di convalida del fermo nel carcere di San Vittore. In quella sede, dichiara che

Giulia si era ferita al braccio «involontariamente» con il coltello che stava usando per tagliare i pomodori. Un evento accidentale, la «scintilla» che lo ha spinto a colpirla al collo. Sempre in quell'occasione, Impagnatiello fa slittare di oltre mezz'ora in avanti l'orario dell'aggressione, collocandolo intorno alle ventuno.

Il referto dell'autopsia lo smentirà.

Sulla relazione dei medici legali si legge che Giulia è stata raggiunta da trentasette coltellate. Sebbene la lama sia affondata con violenza in più parti del corpo, lei e Thiago sono morti dissanguati. «Anemia acuta» è la causa del decesso, provocata dai due fendenti diretti alla gola, che hanno reciso carotide e succlavia. Altri colpi hanno attinto il torace, la regione dei polmoni e il volto. L'assenza di ferite su mani e braccia avvalora la tesi dell'agguato: Giulia è stata presa alle spalle, a tradimento. Non ha avuto né il tempo né la possibilità di difendersi. E la lesione alla laringe le ha impedito di urlare per chiedere aiuto.

«La morte del feto è successiva alla morte della madre, ed è stata determinata da insufficienza vascolare utero-placentare, provocata dall'emorragia materna.»

Tuttavia, l'autopsia non è in grado di svelare l'orario esatto del decesso: il doppio tentativo di distruggere il cadavere con il fuoco ha alterato i tessuti, coperto le macchie ipostatiche e cancellato le tracce che avrebbero potuto essere dirimenti in tal senso.

«Ho portato il corpo in bagno, l'ho messo nella vasca e lì mi sono reso conto di averla uccisa» prosegue così Impagnatiello, che spiega di avere provato a dare alle fiamme il cadavere di Giulia con dell'alcol, senza riuscirci.

Il racconto è terribile.

«Ho deciso di continuare nel box.» Aspetta che sia notte fonda per trascinare il corpo lungo quattro rampe di scale. «Ho tirato fuori Giulia dalla vasca da bagno con parte degli indumenti già bruciati e ho portato Giulia nel box.»

Una volta in garage, usa la benzina che si era procurato sulla strada del rientro, dopo essere stato da Allegra. Ma ogni tentativo di ridurre in cenere Giulia e Thiago fallisce: la copertura di plastica del neon si scioglie, le pareti diventano nere e il fumo si diffonde veloce. Alessandro è costretto a spegnere le fiamme e a cercare un nascondiglio per il corpo. «Ho spostato il cadavere dalla sala alla vasca da bagno, poi scendendo le scale verso il box, poi alla cantina, e nuovamente al box. Cantina e box si trovano sullo stesso piano, non ci sono ostacoli che li separano.»

Esausto, va a dormire: «Alle cinque del mattino, visto che il giorno dopo dovevo andare a lavorare, mi sono buttato a letto».

Della sua confessione non convince nemmeno la ricostruzione della fase successiva: gli ultimi spostamenti del cadavere e gli orari forniti.

«Come arriva il corpo di Giulia dove è stato ritrovato?» gli domanda chi indaga.

«Martedì mattina, verso le sette vado in cantina e tiro fuori il corpo trascinandolo verso il box» replica Impagnatiello. «Poi porto la macchina nel box e carico il corpo nel bagagliaio. Il corpo di Giulia viene lasciato nella macchina fino alla notte di mercoledì, quando decido di gettarlo, intorno alle due e trenta, in quel posto che già conoscevo.»

Gli inquirenti lo incalzano e lui fornisce un particolare ancora più raccapricciante: «Da quando ho messo il corpo di Giulia nel bagagliaio martedì, io ho comunque usato la macchina, andandoci in giro con il cadavere nel bagagliaio».

Aggiunge di essersi liberato degli effetti personali di Giulia in un tombino vicino alla fermata Comasina della metropolitana. In effetti, lì i vigili del fuoco troveranno documenti, carta di credito e bancomat.

Non il cellulare, che ancora oggi manca all'appello.

Ma la verità più sconvolgente non è ancora emersa.

A cambiare le carte in tavola e a dimostrare per l'ennesima volta l'indole menzognera di Alessandro Impagnatiello sono i risultati dell'esame tossicologico.

Dal documento finale della consulenza autoptica, depositato alla procura di Milano, risulta che nel sangue e nei capelli di Giulia, così come nei tessuti e nei capelli fetali di Thiago, erano presenti tracce di Bromadiolone, l'anticoagulante più tossico nella categoria del veleno per topi. E che la somministrazione del rodenticida era stata incrementata nell'ultimo mese e mezzo.

I carabinieri sospettavano già che Impagnatiello stesse avvelenando Giulia: avevano trovato del **TOPICIDA** nel suo zaino. E nessuna delle versioni che aveva raccontato era suonata credibile. Alle due di notte del 27 maggio, dopo avere presentato la denuncia di scomparsa, ai militari che si erano interrogati su cosa fosse la sostanza nella bustina, lui aveva risposto: «Quello è il veleno per topi. Sa perché? Perché quando ci fumiamo le canne post lavoro sui gradoni di piazza Croce Rossa, arrivano panteganoni così grossi» mimando la dimensione con le mani. In un'altra occasione aveva riferito di usare il topicida per tenere il marciapiede pulito nella via in cui lavorava: «Quando arrivo, spargo sempre del veleno davanti alle vetrine».

La conferma l'hanno fornita l'analisi dei dispositivi elettronici e la cronologia delle ricerche online: era dall'11 dicembre 2022, da quando Giulia aveva scoperto di essere in dolce attesa, che lui si informava su quanto Bromadiolone servisse a scopo venefico. Ricerche reiterate nel tempo. A dicembre, a gennaio, a maggio, pochi giorni prima dell'omicidio. Parole diverse, per visualizzare pagine con lo stesso argomento: «veleno topi incinta», «veleno topi gravidanza», «uccidere feto». Il 7 gennaio 2023 «quanto veleno per topi è necessario per uccidere una persona». Si interrogava persino sul perché la sostanza non producesse gli effetti sperati.

A dicembre aveva cercato anche «ammonica feto», un errore di digitazione che non alleggerisce l'orrore.

Nelle stringhe di ricerca non manca nemmeno il cloroformio. Mentre Impagnatiello si trovava all'aeroporto di Malpensa, aspettando che atterrasse il volo da Napoli su cui viaggiava Giulia, acquistava una bottiglia di cloroformio con una mail intestata a un nome falso: Andrea Valdi.

Non è tutto. Giulio Buttarelli, luogotenente della sezione omicidi del nucleo investigativo dei carabinieri di Milano, ricostruisce che il 5 marzo 2023 Impagnatiello aveva cercato «come fare veleno mortale in casa». Era interessato alle "ricette" dei veleni, tanto da visualizzare le pagine di cinque veleni letali.

Topicida, ammoniaca, cloroformio. Ignara di assumere sostanze tossiche e letali, Giulia lamentava forti dolori di stomaco, confondendoli con uno stato di malessere dovuto alla gravidanza.

Sono le chat con la madre e con le amiche a testimoniarlo.

Il 9 dicembre 2022 Giulia scriveva alla madre: «L'acqua che abbiamo preso puzza terribilmente di ammoniaca».

«Sarà qualche lotto andato a male, leggi la scadenza» rispondeva Loredana.

Il 15 dicembre Giulia la rendeva ancora partecipe del proprio dolore addominale: «Ho un gran bruciore di stomaco. Provo a tappare con la camomilla». Anche il 19 dicembre: «Ieri sono stata abbastanza bene, a parte il bruciore di stomaco, stanotte invece lo stomaco mi ha ucciso».

Inviava messaggi simili all'amica: «Lo stomaco è a pezzi». Un paio di giorni dopo aggiungeva: «Ho anche male di testa». E poi: «Mi sento drogata».

Secondo la procura, quando, il 17 marzo 2023, Giulia e Alessandro svelano il sesso del bambino durante la festa del *Baby shower*, lui era da mesi che si dedicava a un «progetto di morte», a «un intento omicidiario» che prevedeva armi e mezzi differenti.

Elementi che hanno permesso di comprovare le aggravanti della premeditazione e della crudeltà, contestate sin da subito dal pubblico ministero ma escluse dal giudice per le indagini preliminari di Milano durante la fase di convalida del fermo. Fino a quel momento, le uniche ricerche online riscontrate sul cellulare di Impagnatiello riguardavano l'eliminazione di tracce di bruciatura dalla vasca da bagno, ed erano state effettuate a ridosso del delitto. Poiché la giurisprudenza identifica i tratti distintivi della premeditazione nell'apprezzabile intervallo temporale tra l'insorgenza del proposito delittuoso e la sua attuazione, la GIP aveva ritenuto che non ci fossero i presupposti. E aveva fatto cadere anche l'aggravante della crudeltà: prima dell'esame autoptico l'azione omicidiaria non risultava «caratterizzata da particolare pervicacia».

Il processo inizia il 18 gennaio 2024.

Alessandro Impagnatiello deve rispondere del reato di

omicidio volontario aggravato da premeditazione, crudeltà, futili motivi e rapporto di convivenza. Oltre che dei reati di occultamento di cadavere e procurato aborto.

È difeso dalle avvocate Samanta Barbaglia e Giulia Gerardini.

Alla prima udienza, nell'aula della Corte d'Assise del tribunale di Milano, si presenta molto diverso da come appariva dietro il bancone del bar: barba lunga, capelli arruffati. Felpa, jeans e scarpe da tennis.

Prende la parola per rilasciare dichiarazioni spontanee: quattro minuti di monologo, recitato con occhi bassi e voce spezzata.

«Tante le persone a cui voglio chiedere scusa, anzitutto a Giulia e alla sua famiglia. Lo devo principalmente a Giulia...»

Chiara si rifiuta di ascoltare altre bugie e abbandona l'aula insieme al padre.

«È stato un gesto di disumanità inspiegabile, che mi ha lasciato sconvolto e perso. Non vivo più. Quel giorno me ne sono andato anche io perché, anche se sono qui, non vuol dire che sono vivo.» E sottolinea: «L'unica cosa che io oggi faccio la sera è sperare di non svegliarmi più la mattina. Chiederò per sempre scusa a queste persone finché sarò qui».

Continua a mentire.

Un gesto di disumanità. È l'unica definizione condivisibile della sua dichiarazione.

Sono stato preso da qualcosa che risulterà sempre inspiegabile. Nessuno può crederlo, sapendo che da mesi avvelenava Giulia.

Non vivo più. Se fosse sincero, affronterebbe il processo senza avvalersi di strategie difensive.

Anche il suo desiderio di non svegliarsi la mattina non convince, come non aveva convinto la minaccia di suicidio riportata dai suoi legali: «L'unica forma di pentimento che abbia senso è togliermi la vita».

Nonostante abbia avuto mesi per esprimere il proprio dolore, ha aspettato di essere in aula per piangere. Una disperazione che suscita sdegno, fastidio, rabbia. Disgusto. Molti si sono chiesti se fossero lacrime autentiche. E la risposta è sì.

Ma Alessandro non piange per Giulia, nemmeno per Thiago. Piange per sé stesso. Perché il suo comportamento è sempre autoreferenziale. Lui che ha cercato in ogni modo il consenso e l'apprezzamento degli altri, adesso si trova al centro di un'attenzione negativa: è il mostro, l'assassino di Giulia e del proprio figlio. Una situazione che lo destabilizza e che non riesce a sopportare.

«Questo processo mi sta aiutando a mettere insieme dei tasselli che erano molto confusi nella mia testa.»

Il 27 maggio 2024, a un anno esatto dalla morte di Giulia, Impagnatiello si siede al banco degli imputati per l'esame dell'accusa. In jeans e maglietta bianca a maniche lunghe, si dice pronto a rispondere alle domande del pubblico ministero Alessia Menegazzo e del procuratore aggiunto Letizia Mannella.

Prima di dare il via all'interrogatorio, la giudice Antonella Bertoja, presidente della Corte d'Assise di Milano, lo informa del suo diritto di rendere dichiarazioni spontanee.

«Oggi sono qui per dire la verità, perché sono una persona più lucida e consapevole.» Impagnatiello esordisce affermando di non essere più l'uomo che era quando è stato sottoposto a fermo.

Gli viene chiesto se intenda confermare quanto già ammesso nei due interrogatori precedenti, quello tenuto dal pubblico ministero e il successivo davanti alla GIP.

Lui riconosce che «sicuramente ci sono state delle incongruenze».

Le prime domande della PM vanno subito al punto.

«Ha ucciso Giulia e provocato l'interruzione della gravidanza?»

«Sì.»

«Ha occultato il cadavere?»

«Sì.»

«Quando l'ha uccisa?»

«La sera del 27 maggio.»

Con il tono fermo e gli occhi asciutti, Impagnatiello comincia il suo racconto: conosce Giulia sui social, il primo appuntamento è nel marzo 2021. A novembre vanno a convivere. A fine novembre dell'anno seguente lei gli comunica di essere incinta. Allegra scopre di essere incinta a gennaio 2023.

«L'altalena dei miei stati d'animo è iniziata quando Giulia mi ha detto che aspettava un bambino. Da una parte c'era la gioia di costruire una famiglia con lei, dall'altra i pensieri economici per acquistare una casa insieme e fare il mutuo.» Anche i loro obiettivi sono diversi: lui vuole «fare carriera», a lei pesano gli orari da barman: la sua assenza di sera e nei fine settimana.

Di fronte alla Corte, sminuisce il rapporto con Allegra: «Con lei non avevo una vera e propria relazione, non siamo mai stati davvero assieme. Era qualcosa di prettamente carnale, fisico. Era molto corteggiata e al lavoro tutti me la invidiavano». Ad Allegra fa credere che la storia con Giulia sia naufragata. «Le ho detto che il bambino che Giulia aspettava non era mio.» Il test del dna lo scarica da internet. «Dicevo che ero ancora in contatto con Giulia per supportarla durante il periodo della gravidanza, difficile sia su un piano fisico sia mentale.»

Impagnatiello ammette di avere mentito a entrambe. «Continuavo ad alimentare questa doppia realtà, questa finta realtà nella mia testa. Ho costruito un castello di bugie, nel quale poi sono annegato.»

Loredana ascolta con lo sguardo fisso sulla fotografia della figlia, che ha appoggiato alla bottiglietta d'acqua sul banco.

La PM invita Impagnatiello a ricostruire la sequenza degli eventi del 27 maggio di un anno prima.

Lui ricorda che Giulia aveva in programma di andare a vedere dei passeggini. Poi, nel primo pomeriggio lei lo chiama: è stata contattata da Allegra e sa tutto. Gli chiede un incontro a tre sul luogo di lavoro. Lui rifiuta e propone di rinviare a domenica. «Ci tenevo all'immagine e alla stima dei colleghi. Avevo una responsabilità con lo staff e a dicembre avrei avuto una promozione.» Non riesce a pensare ad altro che alla vergogna e alla fine della propria carriera: «L'umiliazione mi avrebbe distrutto».

Preoccupato, rientra a Senago di tutta fretta. Sono le diciassette. Gira per casa, cerca di mangiare per distrarsi. Si fa qualche canna. «Ero agitato per il trauma della mia vita distrutta, della mia immagine distrutta, dei familiari, di tutti.»

Giulia arriva poco dopo le diciannove. Il clima è «freddo, anonimo, distaccato». Lui è consapevole di non poter più mentire. «Abbiamo parlato un quarto d'ora senza toni accesi. Le ho detto che mi vergognavo e che lei era la donna della mia vita.»

Ma Giulia ha già preso la sua decisione.

«Mi ha detto che sarebbe tornata a Napoli e che di mio figlio non avrei saputo più niente: se fosse stato alto o basso, se avesse avuto gli occhi chiari o castani. Che non l'avrei mai visto.»

Impagnatiello spiega alla PM ciò che ha provato: «Così

ha distrutto definitivamente ogni mia ancora di salvataggio, ogni appiglio a cui potermi aggrappare».

L'interrogatorio si addentra nella parte più drammatica e inquietante della storia: l'omicidio.

Impagnatiello descrive quei momenti: Giulia lascia la camera da letto dove stava preparando la valigia, per spostarsi in cucina. Lui va in sala.

«A un certo punto ho sentito un piccolo lamento: mentre affettava i pomodori, si era fatta male a un dito. Le ho chiesto che cos'era successo, ma non mi ha risposto. Le ho chiesto se aveva bisogno, ma continuava a non rispondermi, come se non esistessi.» Le si avvicina, con la percezione di essere «invisibile ai suoi occhi». La osserva mentre si china per aprire il cassetto in cui tiene i cerotti. È in piedi a pochi passi da lei.

«Ho visto il coltello con cui affettava le verdure, mi sono messo immobile alle sue spalle e l'ho colpita all'altezza del collo.» Giulia si volta e lo guarda in faccia.

Impagnatiello racconta quegli istanti come se si fosse trattato di una violenza improvvisa, di un impulso non previsto e non controllabile.

«Giulia ha tentato di difendersi?» vuole sapere il pubblico ministero.

«Non ce n'è stata l'occasione, ma solo perché non è riuscita, non ha avuto modo e tempo di reagire.»

Mentre rivela di avere provato a «fare sparire il corpo» per nascondersi e «nascondere quello che era successo», Impagnatiello insiste sul concetto di raptus, parla di azioni «illogiche» e di «pazzia totale». Pronuncia la frase: «Avvolto da uno stato di insensata follia».

Riferisce di avere trascinato Giulia dalla sala alla vasca da bagno. «Lì ho cercato di dare fuoco al corpo con prodotti infiammabili.» Vuole bruciarla perché diventi «cenere». Appena si rende conto che è impossibile, sposta il cadavere dal bagno al garage, per quattro rampe di scale, con il rischio di essere visto. «In quei momenti era come se una parte di me cercasse aiuto. Era come se sperassi che qualcuno mi scoprisse e chiamasse subito la polizia.»

Chiara esce dall'aula. Loredana no, e con la mano accarezza la schiena del figlio Mario, seduto accanto a lei.

Sono passate due ore e le domande delle PM si concentrano sugli elementi che possono provare la premeditazione. Uno è il **TAPPETO** del soggiorno, dove Giulia è stata uccisa. Per l'accusa, Impagnatiello l'ha tolto mentre aspettava che Giulia rincasasse e ha coperto il divano con un telo per evitare che venissero raggiunti dagli schizzi di sangue.

Lui nega. «Il divano è sempre rimasto lì», non lo ha nemmeno coperto ma solo pulito con una spugna bagnata e uno sgrassatore. «Il tappeto non c'era, perché Giulia lo aveva lavato ed era steso sul balcone. Avevamo una lavatrice molto grande, lavava anche i piumoni.»

La procura chiede nuove indagini sulla lavatrice, per verificare la capacità dell'elettrodomestico di contenere il tappeto.

Secondo la testimonianza del luogotenente Buttarelli, è un elemento anomalo anche la mancanza «di schizzi di sangue indiretti» sulle pareti, data l'azione violenta reiterata per trentasette volte. Questo potrebbe significare che «il corpo di Giulia sia stato coperto con un cuscino o un asciugamano» per ridurre la presenza di sangue sulla lama del coltello e contenere le proiezioni.

Impagnatiello si limita a sostenere di avere passato l'intera notte a pulire l'appartamento. «Tutto il materiale sporco l'ho buttato nei cassonetti. Ho buttato i documenti di Giulia insieme al suo cellulare in un tombino vicino al McDonald's, dove vado solitamente.»

Riepiloga anche i successivi trasferimenti del cadavere, fatti «senza seguire una logica»: dal box auto alla cantina. Poi di nuovo al box, dopo il primo tentativo di caricarlo in auto. Infine, l'episodio del 30 maggio, quando va a pranzo dalla madre con il corpo di Giulia nel bagagliaio.

«Ha somministrato veleno a Giulia?»

«Sì.»

«Lo ha fatto in modo sempre crescente come hanno detto i medici legali?»

«No.»

«Quando ha iniziato?»

«A maggio.»

Impagnatiello afferma che «la somministrazione del veleno è avvenuta solo in due occasioni». Il 4 o il 5 maggio e un paio di giorni dopo. «Ho preso questo granulo grande come un chicco di riso e l'ho depositato nella bocca di Giulia durante il sonno. Entrambe le volte.»

Ci tiene a precisare che il suo obiettivo era il feto. «Non volevo far del male a lei, ero in totale trance, volevo provocarle un aborto.»

La PM gli fa notare che i risultati dell'esame tossicologico hanno riscontrato una somministrazione del topicida iniziata ben prima di maggio. E che le ricerche online risalgono al dicembre 2022, sei mesi prima del delitto.

«Volevo capire che danno facesse questo veleno per topi, cercavo di capire che danno potesse subire Giulia» perché «non volevo fare male a Giulia... volevo solo, scusate il termine, colpire quel bambino». Quel bambino che definisce «un problema» e «un ostacolo».

L'accusa incalza: c'è una contraddizione importante. Il 5 gennaio 2023 Giulia aveva un appuntamento per interrompere la gravidanza, è stato lui a dissuaderla. Perché, se già da dicembre si informava sugli effetti del veleno?

«Non volevo che abortisse, perché in quel momento il bambino lo volevo.» Poi corregge il tiro: «Non sarei riuscito ad assumermi la responsabilità di un aborto nei confronti di Giulia, della sua famiglia e della mia». Però «il mio più grosso timore era che quel bambino potesse farmi perdere Giulia».

Si mostra deciso quando dichiara: «Se il 5 gennaio non avessi impedito a Giulia di interrompere la gravidanza, oggi non saremmo qui».

Parole che vanno tutte verso un'unica direzione: convincere la Corte che nelle sue intenzioni non ci fosse la morte di Giulia, ma solo l'aborto. Il male minore a livello giuridico.

Impagnatiello risponde anche sul cloroformio acquistato online sotto falso nome: gli serviva per soddisfare la sua passione per le meduse.

«Avevo questo desiderio da quando ho visto il film *Sette anime*, dove c'era un acquario con le meduse... Cercavo questi acquari e ho scoperto che si costruiscono con lastre di plexiglass grazie al cloroformio.»

Il pubblico ministero puntualizza: sul suo cellulare non sono state trovate stringhe di ricerca né sulle **MEDUSE** né sugli acquari, ma solo sull'utilizzo e sugli effetti del cloroformio.

E poi c'è quella **BRUCIATURA SULLA VASCA DA BAGNO**.

Alle diciannove del giorno dell'omicidio, poco prima che Giulia aprisse la porta di casa, lui cercava in internet: «Ceramica bruciatura vasca». Per la procura stava già pensando a dove e come distruggere il corpo.

«La ceramica della nostra vasca si era bruciata con una candela. Ero da poco tornato a casa e, mentre aspettavo Giulia, ho fatto una doccia. Osservando la vasca, ho fatto questa ricerca per distrarmi.»

Impagnatiello ha una giustificazione per tutto. Per tutto ciò che potrebbe provare la premeditazione e condurlo sulla strada dell'ergastolo.

Le PM gli domandano se qualcuno lo abbia aiutato a uccidere Giulia o a nascondere il cadavere.

«Assolutamente no.»

Se da un lato ammette di avere tentato in ogni modo di depistare le indagini, dall'altro non perde occasione per palesare una propria fragilità psichica, forse anche un disturbo personologico.

«Questa falsità dell'allontanamento volontario l'ho portata avanti per tanto tempo, non solo con gli altri ma anche con me stesso.» Ipotizza uno sdoppiamento della personalità. «Era come se una parte di me non avesse realizzato quello che era successo a Giulia. Avevo una scissione tra me e la mia anima: una parte di me l'aveva uccisa e una parte di me la cercava insieme agli altri.»

E ancora: «I messaggi che mandavo a Giulia erano lettere di addio, era quella parte di me che non credeva a ciò che era successo. Una parte di me che contrastava con quella che aveva agito senza controllo quella sera».

Credo sia doveroso ricordare che Giulia, massacrata e bruciata, era avvolta nei sacchi dell'immondizia e chiusa nel bagagliaio dell'auto, quando lui girava a piedi tra le tabaccherie di Senago, per chiedere di visionare le immagini delle telecamere, nella falsa speranza che l'avessero ripresa la sera del falso allontanamento volontario.

«Il mondo già non è stato un posto giusto e all'altezza di queste due vite. In tutto questo orrore però ora è tempo che sia fatta giustizia e la giustizia in questo caso è una pena esemplare.» Sono le riflessioni che Loredana affida ai social dopo le cinque ore di dolore dell'udienza precedente. È il 10 giugno 2024. Il giorno in cui lei e la famiglia non saranno in aula. Il giorno del controesame di Impagnatiello.

Il team difensivo vuole dimostrare che il barman non ha premeditato l'omicidio, ma ha agito nel totale discontrollo delle proprie azioni in un momento di assenza di lucidità. A causa delle sue caratteristiche personologiche, l'incontro tra Giulia e Allegra avrebbe generato in lui uno psicotrauma, un impatto emotivo talmente forte da spingerlo a non vedere alcuna via d'uscita, se non la condotta distruttiva.

«L'incontro sicuramente è stato la scintilla di tutto» dichiara l'avvocata Giulia Gerardini ai microfoni dei giornalisti. «Se non ci fosse stato quel confronto, oggi forse non saremmo qua.»

La difesa sembra anche volere smontare l'immagine di bugiardo patologico che è emersa dalle testimonianze durante le varie fasi del processo, a favore di quella di «ragazzo normale» che non è stato in grado di gestire la tensione.

«Non ero abituato a dire bugie.» Impagnatiello cerca di attribuire all'esasperazione la scelta di mentire e quella successiva di confessare. «Poche settimane dopo averle impedito di abortire, ho confessato a Giulia di avere una doppia relazione, ma anche in quel caso le ho raccontato una storia molto fantasiosa.» Non sa perché l'abbia fatto. «Così come non so perché permettevo all'altra ragazza di vedere il mio cellulare dove c'era tutta la mia vita con Giulia.» L'unica spiegazione che pare riuscire a darsi è che si sentiva «un vaso completamente saturo di bugie e di menzogne». Un vaso da svuotare. «Svelare a Giulia che la tradivo è stato l'ennesimo sintomo che la mia testa stava impazzendo: questo non vuol dire che sono pazzo, non penso di essere pazzo, ma che ero saturo di dire bugie.»

Dopo essere venuta a conoscenza del tradimento, Giulia va a Napoli dalla sua famiglia. Quando rientra, Impagnatiello cambia di nuovo versione, ritratta. Senza di lei è stato male e vuole riprendere la «strada che da qualche mese era diventata tortuosa». In aula ribadisce: «Giulia era il mio futuro: non potevo perderla per una debolezza, non potevo farlo».

L'avvocata Samanta Barbaglia lo porta a parlare del viaggio a Ibiza, avvenuto un mese prima del delitto. Lui la ricorda come una vacanza spensierata, in cui aveva addirittura valutato l'ipotesi di trasferirsi a vivere alle Canarie insieme a Giulia. «Avevamo pensato di rifletterci per i prossimi cinque anni.» Non subito, per via del suo primo figlio ancora troppo piccolo e di Thiago che stava per nascere. «Quella vacanza ci aveva molto uniti e ci ha fatto tornare con un bel progetto.»

La PM gli domanda di Allegra.

«Le avevo detto che ero con degli amici. Lei mi scriveva, ma io la ignoravo.»

«Quindi, la decisione era di non sentirla durante la vacanza con Giulia?»

«Volevo staccarmi da lei, anche dal punto di vista fisico, visivo. Avevo già provato a farlo in passato. In quei giorni mi sono tolto di dosso qualcosa che mi disturbava. Mi sono dimenticato di lei, eravamo solo io e Giulia.»

«È sicuro di non avere avuto contatti con Allegra?» La PM lo smaschera. «In realtà, le copie forensi dicono altro: qui vedo cinquecento messaggi in tre giorni, e poi foto e video... e il contenuto è di natura amorosa.»

Messo alle strette, Impagnatiello si difende affermando che rispondeva in ritardo ai messaggi di Allegra e una volta su venti. «Era come qualcosa di minuscolo rispetto alla nostra quotidianità milanese.»

La presidente della Corte, Antonella Bertoja, gli chiede di approfondire l'atteggiamento di Giulia nei confronti della maternità.

«Voleva il bambino?»

«Nelle primissime settimane sicuramente. Anche se un po' condizionata dalle mie reazioni, Giulia aveva preso in considerazione l'ipotesi di interrompere la gravidanza.»

«Ma Giulia cosa desiderava, al di là di quello che voleva lei?»

«Sì, assolutamente. Giulia lo voleva.»

La presenza della giudice incombe e lui ammette di avere vissuto l'arrivo del figlio come un ostacolo: «L'obiettivo di acquistare casa sarebbe saltato, l'obiettivo della mia promozione sarebbe stato messo in dubbio, era come rallentare la strada che avrei voluto fare. Ho chiesto a Giulia di rimandare di un anno, ottenuta la promozione avrei lavorato solo in orario diurno e avremmo avuto una posizione economica migliore. Lei comprendeva in parte, ma voleva oltrepassare questi problemi».

La PM è pronta a fargli notare altre incongruenze. Come il taglio a un dito, che lui sostiene Giulia si fosse procurata affettando i pomodori, poco prima dell'omicidio. E che non risulta dall'autopsia. Impagnatiello tiene la posizione: la ferita non era grave, ma necessitava comunque di un cerotto.

Anche il numero di fendenti è un punto attenzionato. Gli viene domandato come si spieghi la differenza tra le tre coltellate ammesse all'inizio, una sola coltellata confessata durante l'udienza precedente e le trentasette effettive.

«Quando in carcere ho saputo delle trentasette coltellate, la cosa che ho fatto immediatamente davanti alla tv è stato mimare il gesto delle mani per trentasette volte.» Dice di avere pensato che si trattasse di un errore, perché è «una cifra spaventosa, soffocante». E commenta: «Perché all'inizio abbia detto tre e non trentasette o mille? Non c'è una spiegazione».

Non trova conferma nemmeno il suo resoconto sulla discussione «senza toni accesi» avuta con Giulia, una volta rientrata a casa. Una vicina ha testimoniato di avere udito le urla di una donna «affranta e arrabbiata».

«La discussione è stata pacifica» continua a ripetere lui. «Mi ha detto solo: "Vai a quel paese".»

L'avvocato Giovanni Cacciapuoti, che assiste la famiglia Tramontano, vuole tornare sul tema del topicida. Gli esami tossicologici smentiscono la versione di Impagnatiello, che giura di avere somministrato a Giulia solo due grani di topicida in due momenti diversi, e solo nel maggio 2023.

Le ricerche in rete risalgono al dicembre 2022, proprio quando Giulia comincia ad accusare forti dolori di stomaco, e la quantità di veleno riscontrata nei tessuti di Giulia e di Thiago non è compatibile con somministrazioni così modeste.

Non solo, la perizia informatica rivela che il barman ha fatto le stesse ricerche online anche dopo la vacanza a Ibiza, che lui ha descritto come idilliaca.

«Quattro mesi dopo Natale, lei fa di nuovo ricerche sul veleno. Lo ha somministrato a Giulia?»

«No, ho usato il veleno vecchio che avevo acquistato l'estate del 2022.»

«E allora perché il 13 maggio ha ricercato lo stesso topicida?»

«Non lo so, l'unico acquisto rimane quello del 2022. L'ho comprato una sola volta.»

Riferisce di avere appreso la notizia dei referti tossicologici sempre dai media, un'informazione che lo ha aiutato a ricordare, ad avere qualche flashback. «È come se ci fosse stata un'oscurità in me, un demone in me che non mi faceva ragionare.»

Confusione, comportamenti inspiegabili, raptus, insensata follia, sdoppiamento dei pensieri. Oscurità e demoni... però ha una giustificazione precisa a ogni domanda scomoda.

Alla fine dell'interrogatorio, Impagnatiello chiede di concludere con altre dichiarazioni spontanee.

«Vorrei trovare una possibilità di redenzione...»

Apre così il suo discorso volto a dimostrare pentimento. Soprattutto, volto a persuadere della sua determinazione a cambiare.

«Non posso più tornare indietro. Se potessi, farei qualsiasi cosa.» Promette che lavorerà su sé stesso. «Oggi porto avanti meccanicamente la mia esistenza, più che la mia vita.» E che cercherà di riscattarsi. «Non so quale sarà il mio futuro. So solo che lo scopo della mia vita di oggi, la mia nuova vita, è quello di fare qualcosa... qualsiasi cosa» anche se «non mi farà tornare indietro» né riavere «Giulia e il bambino. Farei qualsiasi cosa per risarcire». Ribadisce di avere capito, e di non essere più l'uomo che era. «È come se quello che è successo non l'avessi fatto io, ma una persona che aveva il mio nome e il mio corpo.»

Sono le tredici, quando l'udienza riprende. È il turno dei consulenti della difesa. Il focus è sulla consulenza tecnica di parte, redatta dallo psichiatra Raniero Rossetti e dalla psicologa Silvana Branciforti, incaricati dai legali di Impagnatiello per una valutazione clinica dello stesso.

In lui, i consulenti hanno rilevato un disturbo personologico caratterizzato da tratti narcisistici, ossessivo-compulsivi e paranoidei strettamente connessi tra loro.

Dalla relazione datata 12 aprile 2024 emerge come i tratti narcisistici siano i più evidenti: grande fiducia in sé stesso e nelle proprie risorse, scarsa considerazione dell'altro, relazioni sociali superficiali, manipolatorie e finalizzate alla gratificazione personale. I consulenti usano definizioni come «beatitudine narcisistica» e «orgasmo narcisistico» provati da Impagnatiello nel sentirsi al centro dell'attenzione.

I tratti ossessivo-compulsivi riguardano l'ossessione per il controllo, sia di oggetti sia di persone e relazioni. Nel caso di Impagnatiello, il dovere condurre per diversi mesi due esistenze parallele con la necessità di controllare due donne, da un lato gli ha causato un forte stress, dall'altro ha rafforzato la sua componente narcisistica. «È come se si fosse detto, ammirandosi allo specchio: "Guarda come sono bravo a gestire due donne, senza che loro sappiano l'una dell'altra... sono proprio bravo".»

Allo psichiatra, Impagnatiello ha descritto sé stesso e i propri stati d'animo attraverso la metafora della scacchiera: vedeva la propria vita come una scacchiera, di cui doveva controllare tutte le pedine.

Nel momento in cui Allegra decide di trasferirsi all'Isola d'Elba, accettando un lavoro da cameriera che lui aveva cercato di farle ottenere per la stagione estiva, Impagnatiello si sente sollevato: «Una pedina si era allontanata di sua volontà dalla scacchiera, liberandolo dallo stress e senza che venisse compromessa la sua gratificazione narcisistica».

Tuttavia, le due donne si incontrano prima del trasferimento di Allegra. Lo smascherano, lo mettono con le spalle al muro. Gli fanno perdere il controllo della scacchiera e la partita.

«Il fatto di essere stato scoperto dalle due, il giorno 27 maggio 2023, ha inferto una tremenda ferita narcisistica all'imputato, non rimediabile né sanabile.» Impagnatiello ha la sensazione che il mondo gli sia crollato addosso. E «da maschio onnipotente con in pugno la quotidianità delle due, si è trovato improvvisamente a essere un maschio assolutamente fragile, in balia delle due, delle loro rivelazioni e infine da loro scoperto nelle sue bugie a raffica e nelle sue manipolazioni».

Impagnatiello ha spiegato a Rossetti che i suoi incubi si erano verificati: «Non ero più io che controllavo la situazione con Giulia e Allegra, ma erano loro che, scoprendomi, mi avevano sputtanato e ridicolizzato».

Secondo lo psichiatra, tutto questo ha rappresentato per Impagnatiello un vero e proprio psicotrauma, slatentizzando in lui le preesistenti tematiche paranoidi nei confronti di Giulia, che l'hanno portato a eliminarla.

Chi soffre di disturbo paranoide di personalità tende a percepire i comportamenti degli altri come una minaccia. Infatti, «la risposta di Impagnatiello allo psicotrauma subito non è stata una risposta depressogena, regressiva o comunque adattiva». Al contrario, è stata una risposta paranoidea contro Giulia, che nella sua mente ha visto come la «donna cattiva fonte di tutti i mali». Una rappresentazione del tutto patologica e priva di ogni fondamento.

«Per non soccombere al trauma, le difese psichiche di Impagnatiello si sono organizzate per trovare un colpevole delle sue disgrazie di maschio "sputtanato e ridicolizzato".» E ha identificato in Giulia quel colpevole. Lei è diventa la nemica, la variabile che non poteva controllare. Non è stata più percepita come la compagna di vita e la madre del figlio che stava per nascere, ma come la causa del suo «crollo» di narciso, manipolatore e controllore. Come la persona che ha mandato in frantumi «la sua quotidianità, pompata e gonfiata dall'attività lavorativa "immaginifica", dalla relazione con l'altra e dal godimento narcisistico di essere in grado di gestire le due donne».

Da qui, «l'esecuzione omicidiaria efferata e crudele, dominata dall'odio distruttivo» nei confronti di Giulia. Le trentasette coltellate sono l'esternazione devastante e finale di tutto quel risentimento.

In sintesi, secondo i consulenti della difesa, «Impagnatiello è certamente portatore di un complesso disturbo personologico». Presenta «importanti nuclei patologici di tipo strutturale, narcisistici, ossessivi, paranoidei, che le vicende socio-lavorative nel corso degli anni hanno amplificato e scoperchiato rispetto alle difese dell'io, e che sono alla base del reato omicidiario in addebito».

Quindi, ha ucciso Giulia orientato da un pensiero patologico, che ha preso il sopravvento sulla lucidità e sulla capacità di controllo. Un'azione impulsiva e priva di qualsiasi organizzazione.

Non sono dello stesso avviso gli psichiatri Diana Galletta e Salvatore De Feo, consulenti della famiglia Tramontano: Impagnatiello era lucido e capace di intendere e di volere al momento dei fatti. Ha agito con premeditazione e fermezza in tutte le fasi omicidiarie. Anche in quelle successive: se fosse stato anche solo parzialmente incapace, non avrebbe potuto gestire con così tanta determinazione e freddezza le attività di depistaggio.

«Nel caso del signor Impagnatiello, non abbiamo riscontrato assolutamente un disturbo di personalità paranoide. Non abbiamo riscontrato tantomeno un disturbo di personalità borderline. C'è qualche tratto ossessivo e narcisistico... che possiamo avere tutti» sottolinea la dottoressa Galletta di fronte ai giornalisti.

Le fa eco l'avvocato Cacciapuoti: «Gli atti processuali gridano la consapevolezza estrema del signor Impagnatiello, che si è reso protagonista di questo film dell'orrore».

Chi è veramente Alessandro Impagnatiello?

Un assassino lucido, spietato, che ha premeditato tutto?

O un uomo gravemente affetto da tratti di personalità patologici, che è stato sopraffatto dall'anima nera che ignorava di avere?

Dato che un funzionamento mentale esclude l'altro, pochi minuti prima di chiudere l'udienza, la Corte d'Assise di Milano ha disposto la perizia psichiatrica per sciogliere ogni dubbio. L'incarico di accertare se Impagnatiello fosse capace di intendere e di volere al momento dei fatti e di valutare la sua eventuale pericolosità sociale è stato affidato allo psichiatra forense Pietro Ciliberti e al medico legale Gabriele Rocca.

Nella relazione di sessantasei pagine depositata a metà ottobre 2024 viene esclusa la presenza di disturbi di natura psicopatologica: Alessandro Impagnatiello era nel pieno delle sue facoltà mentre accoltellava Giulia per trentasette volte. Nessun vizio di mente, secondo i periti. Solo la manifestazione della sua «dimensione rabbiosa».

Alessandro Impagnatiello ha reso dichiarazioni spontanee, non si è sottratto all'esame dell'accusa. Ha parlato per molte ore. Ma c'è una domanda a cui sembra non sapere rispondere. La più semplice: «Perché l'ha fatto?»

Durante i vari interrogatori, ha sempre affermato di «avere agito senza un reale motivo». Solo per stress. Per il contesto che si era venuto a creare, per la gestione complicata delle due vite parallele. Per le voci che iniziavano a circolare sul posto di lavoro e che avrebbero potuto minare la sua immagine di bravo ragazzo e di uomo stimato.

«È una domanda che mi sono fatto miliardi di volte, ma che non avrà mai una risposta. Di certo, ha influito tanto lo stress di dover dire due versioni diverse a ognuna delle due ragazze, ogni giorno.»

Allora, perché non ha lasciato che Giulia se ne andasse? E cos'era cambiato dal 2022? Quando su una lettera di scuse le scriveva: «Ti amo e darei la mia vita per te». Parole forti, toccanti. Un pugno nello stomaco, se lette adesso: «Quando dico che darei la vita per te è perché lo credo. Purtroppo o per fortuna non si è ancora presentata l'occasione per dimostrarti che darei la mia vita per far continuare la tua. A questo punto mi viene da dire che vorrei arrivasse quell'occasione. Così definitivamente toglierei ogni dubbio».

Il 9 maggio 2023, Giulia trova un burro cacao sulla T-Roc e chiede spiegazioni. Alessandro risponde di non avere «minimamente idea» di come sia finito lì.

Giulia insiste: «Mio non è, quindi è di qualcuno che è stato dal lato passeggero e gli sarà caduto».

«Non è salito nessuno nella mia macchina.»

«In macchina non è caduto niente di generico, ma qualcosa di estremamente specifico: un **ROSSETTO** da donna. Dal momento che non è mio, non c'è molto da dire, significa che qualcuno l'ha perso.» Sono le 18.42, Giulia aggiunge: «Quando torni chiudiamo i conti». E alle 18.57: «Accetta la mia decisione».

Solo settimane più tardi, chattando con Allegra, Giulia scoprirà la verità su quel burro cacao.

«Ma per caso hai perso tu un Labello bordeaux in macchina?»

«Io quello l'ho messo in macchina apposta, sperando che lo avresti trovato.»

«Sei grande! Grazie! Sono più attenta di quel che crede lui.»

«Anche io. Pensa che noi siamo stupide.»

Il 25 maggio, due giorni prima di venire uccisa, Giulia ribadisce la propria scelta in una serie di messaggi inviati ad Alessandro: «Accetta la mia decisione e chiudiamo il discorso. Non voglio altre discussioni, frustrazioni, ansie e rabbia continua, lasciami stare. Non sono felice e vorrei ritrovare la mia tranquillità. Basta».

«E vuoi trovare tranquillità mettendomi da parte?»

«Sì, non voglio più sapere che tu sia il compagno così da non aspettarmi più nulla e trovare la mia pace. Condividiamo una casa finché sarà necessario.»

«Ma veramente prima ancora di nascere un bambino tu vuoi già dividerci? Vuoi farlo nascere con due genitori separati? Ma che madre sei! Ma te lo chiedi?!?»

Giulia non cede al tentativo di Alessandro di farla sentire in colpa e digita: «Ormai il vaso è rotto». Senza lasciare spazio a fraintendimenti, continua: «Importante che tu sia un buon padre. Io penso a me, tranquillo».

«Non ti fa per nulla onore parlare così, per niente proprio.»

Lei tiene la posizione, mentre lui rincara la dose.

«Ma ti sembra normale parlare così con un bambino in pancia?!?»

«Non mi sembra normale far arrivare una persona a questo limite dopo aver ripetuto mille volte la stessa cosa. Sempre un'eterna lotta. Non voglio più combattere e vivere una vita non soddisfatta al fianco della persona sbagliata. Non ho fiducia in te, non ne avrò mai. Ormai il vaso è rotto. E non voglio sistemarlo.»

Sono passate le quindici, quando il 27 maggio lei gli scrive: «Sei vergognoso. Non esiste persona peggiore di te. Saluta Thiago, lo vedrai nel binocolo». Ha appena chattato con Allegra e vuole fargli sapere che è al corrente di tutto. «Il Labello era di Allegra.» Ma vuole anche informarlo che da lì a poco la incontrerà.

«Non creiamo casini sul posto di lavoro che non serve a nulla.»

«Tranquillo, andiamo in via affianco. 40 minuti e sono là.»

«Giulet, io sto già uscendo, per favore parliamone noi prima e torna a casa.» In quel momento, Alessandro lascia il bar, dicendo al suo responsabile di dovere correre dalla madre in ospedale. Ormai le bugie non si contano più.

Dopo avere conosciuto Allegra ed essersi confrontata con lei, Giulia è furente: «Wow, sono curiosa di sapere cosa ti inventerai ora». È sulla strada del rientro, decisa a lasciarlo. I toni sono accesi: «Che tu possa affogare nella merda che ti crei da solo».

Sono delle 18.29 i suoi ultimi messaggi, inviati in sequenza: «Sto tornando a casa», «Fatti trovare».

Circa un'ora più tardi, Giulia morirà.

L'eco delle domande senza risposta non si quieta.

Perché l'ha uccisa?

Perché non l'ha lasciata andare?

Giulia era determinata a interrompere la relazione. Non la preoccupava che Thiago crescesse senza una figura paterna: sapeva di riuscire a colmare quel vuoto. Voleva solo essere felice.

La GIP prova a dare una risposta, evidenziando la «capacità organizzativa e manipolatoria» di Impagnatiello, ma anche la sua «assoluta incapacità di sopportare frustrazioni».

Sebbene Impagnatiello considerasse Giulia un freno al proprio futuro, non poteva permetterle di costruirsi una vita indipendente, proprio per il senso di fallimento e frustrazione che l'idea gli procurava.

Non solo. Giulia veniva vissuta come un intralcio, anche se aveva espresso la volontà di mettere fine alla loro storia, perché portava «in grembo suo figlio». E di un figlio non ci si libera mai. Tanto che «dopo l'omicidio, Impagnatiello va dall'amante e la rassicura sul fatto che adesso potranno vivere la loro relazione, perché Giulia non c'è più».

Secondo i consulenti della difesa, per Impagnatiello Giulia era diventata la minaccia e Thiago l'ostacolo più grande. Due pedine di quella scacchiera immaginaria che erano uscite dal suo controllo.

Ma forse c'è dell'altro. Qualcosa di più intimo: il senso profondo di libertà. Alessandro teneva Giulia tra le sbarre delle bugie che le raccontava. L'aveva illusa di essere libera, invece la costringeva a sognare dentro una gabbia. Quella gabbia invisibile, perché lei viveva nella simulazione che lui costruiva ogni giorno. Finché è arrivato Thiago, che le ha dato gli occhi per vedere, le ali per volare. E la forza di sentirsi libera.

Solo con l'idea di ciò che sarebbe stato, Thiago ha trasformato Giulia in madre. E una madre è più forte di una donna.

Per questo Thiago è diventato il primo nemico di Alessandro. Perché aveva il potere di rendere Giulia libera. Insieme a lui, Giulia avrebbe spiccato il volo, lasciando Alessandro imprigionato nella sua ragnatela di menzogne.

La libertà di Giulia era la prigione di Alessandro. Lei lo aveva sbugiardato. Aveva visto la realtà dietro l'inganno, la faccia dietro la maschera. Ogni volta che l'avesse guardata, lui si sarebbe sentito insignificante. E non sarebbe stato in grado di sopportarlo. Perciò l'ha uccisa, perciò non l'ha lasciata andare. Con lei viva, avrebbe perso la libertà per sempre. Senza di lei, potrà indossare ancora la maschera, simulare, manipolare. Costruire una nuova gabbia in cui rinchiudere qualcun'altra, intrappolandola nell'illusione di un sogno.

2

Laura Ziliani

Troppo.

Nell'omicidio di Laura Ziliani, "troppo" è l'aggettivo che connota tutti i dettagli chiave in cui si snoda la narrazione. Troppa enfasi, troppe finte sedute di psicoterapia, troppi errori. Troppa goffaggine nel tentare di depistare e occultare le prove. Troppe bugie, troppe ingerenze. Troppe benzodiazepine, troppe serie televisive, troppa fantasia per nascondere un segreto e poi per giustificarlo. Troppe certezze, troppe cose strane. Troppa convinzione che il tre sia il numero perfetto.

La sera di venerdì 7 maggio 2021 inizia con una ricetta.

Uova, zucchero, latte, farina e lievito. Burro quanto basta e un baccello di vaniglia. Dopo avere mescolato gli ingredienti, versare l'impasto negli appositi stampi. Cuocere in forno a centoottanta gradi per almeno venti minuti. Una volta raffreddati, i muffin saranno pronti per essere ricoperti con la pasta di zucchero. Meglio se colorata e tagliata in piccoli cerchi, da unire e modellare con le dita per ottenere forme floreali. Un dolce soffice, bello da vedere: ideale per la festa della mamma.

Il dolce che Silvia e Paola Zani servono alla madre, Laura Ziliani, proprio per festeggiare quella ricorrenza.

Sembra un vaso di fiori, nell'ultima foto che Laura scatta con il cellulare. Sono le 22.37 e sta per addentare una delle rose che lo compongono. La mela avvelenata di Biancaneve.

Laura non sa che i muffin sono zuppi di benzodiazepine.

Non sa che quello è solo l'esordio dell'aggressione che le costerà la vita. Di lì a poco verrà immobilizzata sul letto, offesa, presa a pugni e soffocata. Il suo corpo finirà nel cellophane e poi in una buca, sotto palate di sabbia e cemento. Tutto per mano delle due figlie e di Mirto Milani, il fidanzato di entrambe.

Laura non lo sa. Non lo sospetta nemmeno.

Mentre mangia il secondo muffin, comincia a sentirsi strana, le gira la testa. Continua a non capire. Non può immaginare che il suo nome occuperà pagine di testate giornalistiche e di programmi televisivi. E che per mesi la sua scomparsa verrà considerata un giallo.

Il giallo di Temù.

Temù è un piccolo borgo dell'alta Val Camonica, in provincia di Brescia. A poco più di millecento metri di altitudine e con poco più di millecento abitanti, si affaccia su boschi di conifere, proprio sotto le cime dell'Adamello. Le strade del centro sono strette, spesso ciottolate. Le abitazioni hanno i tetti spioventi, durante l'inverno cade molta neve. E se in quei mesi è una meta apprezzata da chi vuole raggiungere Ponte di Legno e il passo del Tonale con gli sci ai piedi, d'estate si popola di escursionisti, biker e appassionati di trekking.

La casa gialla con i balconi in legno, all'undici di via Ballardini, era il luogo del cuore di Laura Ziliani. Tra quelle mura aveva trascorso la sua vita matrimoniale con Enrico Zani, e cresciuto le tre figlie: Silvia, Lucia e Paola.

La morte prematura del marito, rimasto vittima di una valanga nel 2012, l'aveva convinta a trasferirsi a Brescia insieme a Lucia, la figlia più fragile e bisognosa di cure, perché affetta da una leggera disabilità cognitiva. Aveva lasciato anche il lavoro nella polizia municipale a favore di un impiego presso il Comune di Roncadelle. Ma, nonostante il cambio di residenza e un nuovo compagno, tornava sempre nella sua amata Temù, dove vivevano Silvia e Paola e dove si occupava della gestione dei propri immobili, dagli interventi edilizi alla locazione degli appartamenti.

Quel venerdì sera è stata l'ultima volta che Laura ha raggiunto la casa gialla: è entrata dalla porta sulle proprie gambe, per uscirne priva di vita e sulle spalle di Mirto Milani, una manciata di ore più tardi. Avvolta nella pellicola per alimenti «per evitare che le braccia e le gambe si muovessero durante il trasporto» e nascosta in due sacchi neri dell'immondizia. Senza vestiti né pigiama. Solo in biancheria intima.

Sabato 8 maggio, due minuti prima di mezzogiorno, la centrale operativa della Compagnia dei carabinieri di Breno riceve una richiesta di intervento.

«Buongiorno, mi chiamo Zani Silvia, vi sto chiamando da Temù, perché mia madre è uscita di casa circa quattro ore fa per andare a fare una passeggiata nei boschi sopra la stazione di Villa Dalegno. Il problema è che ho provato a chiamarla più di una volta, avevamo un appuntamento per vederci alle dieci di mattina e non si è fatta sentire. Ho sentito parenti e persone così, e nessuno l'ha sentita. Inoltre, il cellulare mi dà, in pratica subito, la segreteria, come se fosse spento, staccato o senza la linea. Sto cominciando seriamente a preoccuparmi.»

Sono i microfoni di *TeleBoario* a raccogliere l'appello

pubblico di Silvia e Paola, quello stesso giorno. Una indossa un pile turchese, l'altra rosa. Si abbracciano mentre piangono di fronte alle telecamere. Gli occhiali velano gli sguardi, le mascherine nascondono le labbra. Ma non riescono a contenere la disperazione, che suona eccessiva: di Laura si sono perse le tracce da poche ore, e loro sembrano già convinte che non farà più ritorno.

«Chiunque la veda, l'abbia vista, venga alla casa del soccorso alpino di Temù e dia informazioni, perché qualunque cosa potrebbe aiutarci a trovarla, potrebbe essere la cosa che serve a trovarla... vi prego!» supplica Paola.

«Sì, qualunque segnalazione abbiate, anche se l'avete vista di striscio, per favore ditecelo, perché potrebbe davvero servire pochissimo per indirizzare le ricerche...» le fa eco Silvia.

Singhiozzano, urlano, respirano in affanno. **TROPPA ENFASI**.

Il video è stato diffuso sulle varie reti televisive e mandato in onda in tutti i programmi di informazione. Immagini che, riguardate adesso, suscitano disappunto, indignazione, rabbia. Anche incredulità: quelle due ragazze, che spremevano palpebre e corde vocali per fare sgorgare lacrime e piagnucolii, avevano appena ucciso la loro madre. Un delitto premeditato, pianificato da tempo. Durante l'interrogatorio del 25 maggio 2022, davanti al pubblico ministero, Silvia confessa che già nell'estate del 2020 avevano iniziato a escogitare un modo per ucciderla.

Silvia e Paola Zani.

Otto anni di differenza.

Separate da una sorella di mezzo. Unite dallo stesso uomo.

Silvia è nata il 2 agosto 1994, Paola il 28 febbraio 2002. Silvia lavorava come fisioterapista in una RSA a Ponte di

Legno. Paola era iscritta all'università, nella facoltà di Economia.

Il contratto semestrale di Silvia scadeva il 31 maggio 2021, ma il giorno successivo alla scomparsa della madre si era affrettata a chiedere un periodo di aspettativa, senza accettare la proposta di rinnovo: «Visto la situazione che non troviamo la mamma, preferisco chiudere il rapporto lavorativo».

Qualcuno soprannominava Silvia «fisioterrorista» per i suoi atteggiamenti un po' troppo ruvidi, qualcun altro considerava Paola «una studentessa modello».

Silvia ascoltava la musica dei Nightwish. L'immagine del profilo Facebook di Paola proponeva la protagonista di un manga dalla doppia personalità: liceale all'apparenza, spietata assassina nella vita. Ma la musica metal e le anime giapponesi sono solo alcune delle loro passioni. Una lista lunga, che vede ai primi posti le serie televisive e il *true crime*.

Ragazze definite «particolari» e «introverse» da chi le conosce.

«L'unica solare è Lucia» ha affermato il sindaco di Temù in un'intervista. «Le altre due si vedono poco e sono molto strane.»

Parere confermato dal parroco: «Quando le salutavi, Silvia e Paola stentavano a rispondere. Lucia no, era diversa».

Ragazze strane.

Forse proprio perché, nonostante la differenza di età, erano sempre insieme. Stessi comportamenti, abitudini, gusti. Stesso modo di esprimersi e di relazionarsi con gli altri. Non solo l'aspetto, ma anche il timbro di voce sembrava uguale: c'è chi sostiene che fosse impossibile distinguerle al telefono. Spartivano tutto. Come se vivessero in simbiosi, in una bolla solo loro.

Strane, forse perché in quella bolla di totale sintonia e comunanza, condividevano anche l'amore per lo stesso uomo: Mirto Milani. Il ragazzo che per dodici anni era stato il fidanzato di Silvia. E che nel tempo, complice il lockdown imposto dal Covid, ha stretto un legame speciale anche con Paola.

«Non sono solo sorelle» scrive nella perizia psichiatrica Giacomo Filippini, lo specialista scelto dai giudici della Corte d'Assise di Brescia per valutare la loro capacità di intendere e di volere al momento dei fatti. «Sono amiche, sono madre e figlia.» Il perito spiega che Silvia aveva assunto un ruolo materno e protettivo nei confronti di Paola, dopo la morte del padre. Tanto che la condivisione del fidanzato diventava un modo per rinforzare quel legame, uno strumento di «completamento» e di crescita. «Sembra quasi che Silvia aiuti Paola a emanciparsi, ad avere una relazione affettiva», con l'obiettivo di «colmare un vuoto, più che cercare occasioni di sessualità».

Sempre secondo lo psichiatra, Silvia e Paola trovavano in Mirto l'approvazione che si vedevano negare dal mondo esterno. Quel mondo da cui si sentivano considerate strane.

«Io ero già una coppia con Silvia, poi ci siamo trovati al tavolo tutti e tre assieme e ho confessato i sentimenti che provavo per Paola... alla fine abbiamo deciso di fare una famiglia noi tre.»

Con queste parole, Mirto svela al pubblico ministero il legame con le sorelle. Un rapporto di forte coesione, che porta gli inquirenti a definirli un «trio». Peggio, un «trio criminale».

Mirto Milani è nato a Lecco il 24 giugno 1994. Ha tre grandi passioni: la psicologia, il canto e le serie *crime* televisive.

Vantando una laurea triennale in Psicologia, era solito improvvisare sedute di psicoterapia alle due ragazze. In quei momenti fingeva di essere qualcun altro, tanto da cambiare addirittura il proprio modo di interagire. È Silvia a dichiarare: «Mirto non ci guardava, teneva il viso nascosto, parlava con una voce leggermente diversa e noi dovevamo cercare di immaginarci di avere di fronte un'altra persona... io gli esponevo i miei problemi, prendevo appunti e poi mi dava dei compiti da fare».

TROPPE FINTE SEDUTE DI PSICOTERAPIA, che vengono attenzionate dal perito e dai vari consulenti, per analizzare la personalità dei tre imputati. Colloqui a cui Silvia, due anni dopo l'omicidio, attribuisce gravi responsabilità: il 27 aprile 2023 afferma che, con il senno del poi, le è sorto il timore di essere stata plagiata attraverso quegli incontri. «Dal mio punto di vista era una vera e propria seduta psicoterapica.» Ci tiene a sottolineare che lei «pendeva dalle labbra di Mirto» e avrebbe «creduto a qualunque cosa lui le avesse detto».

Se l'ambizione di Mirto di sperimentare le proprie capacità psicoterapeutiche si consumava tra le mura di casa, l'amore per il canto sfociava nella dimensione pubblica. Iscritto al Conservatorio di Milano, si esibiva come soprano in chiese e luoghi di culto delle valli lombarde. Dai video pubblicati arriva una voce limpida, in grado di raggiungere note acute. Lui si mostrava impettito, dentro una camicia quasi sempre bianca, spesso accompagnata da gilet e giacca scura.

Alcune volte indossava anche un rosario. Eppure, qualcuno ha fatto notare il suo interesse per la simbologia esoterica e il satanismo. Per esempio, il pentacolo che disegnava come parte integrante della propria firma, tra la M e la T del nome.

Sebbene la sua residenza fosse a Roncola San Bernardo, nel periodo precedente all'omicidio di Laura Ziliani trascorreva molto tempo a Temù. Condivideva l'appartamento con Silvia e Paola, nonostante Laura non fosse d'accordo.

Nicoleta, vicina di casa e amica di Laura, fa mettere a verbale che nei weekend in cui Laura si recava a Temù, Mirto si allontanava dall'alloggio per non farsi scoprire. «Ho esplicitamente chiesto a Laura se Mirto abitasse stabilmente nella loro casa... e lei mi rispose categoricamente di no. A quel punto, io non dissi nulla e lasciai cadere la cosa, per non creare eventuali problemi familiari.» Nicoleta non voleva turbare Laura, ma era certa che Mirto si fosse trasferito a vivere con Silvia e Paola, perché lo vedeva ogni giorno.

Nicoleta aggiunge che la notte tra il 7 e l'8 maggio Mirto si era trattenuto in via Ballardini. E quando, domenica 9 maggio, lo aveva incontrato per strada, era stato lui stesso a confermarglielo, sostenendo di avere visto Laura per l'ultima volta alle 7.16 di sabato mattina. Si era anche preoccupato di menzionarle la torta che Silvia e Paola avevano preparato per festeggiare la madre, tanto da invitarla in casa e mostrarle la fetta rimasta nel frigorifero.

Ai carabinieri, Silvia e Paola dichiarano la presenza di Mirto all'interno dell'abitazione come abituale.

Ma Nicoleta sa che Laura non avrebbe mai accettato di dormire sotto lo stesso tetto di Mirto. E la considera da subito una «stranezza», insieme al fatto che sabato mattina presto ci fossero tutte le luci accese nell'appartamento: «Silvia e Paola di solito si alzavano tardi alla mattina».

Informazione corroborata da Marisa, la madre di Laura: «Le mie nipoti hanno sempre amato rimanere a letto sino a tardi, anche sino a mezzogiorno».

Quello che per Nicoleta è un comportamento anomalo, in realtà è stato un errore commesso dal trio.
Il primo di tanti, **TROPPI ERRORI**.

Molte delle foto che ritraggono Laura Ziliani la vedono sorridere in quota, su sentieri rocciosi o tra le vette innevate. Occhiali a specchio, scarponcini ai piedi, zaino sulle spalle. L'orologio sportivo sempre al polso e il cellulare in tasca, perché era un'escursionista esperta: conosceva i pericoli della montagna e voleva poter essere localizzata in qualsiasi momento.
Sono proprio il cellulare e l'orologio ad assumere un ruolo centrale nelle indagini e a smentire le dichiarazioni del trio.
Il racconto di Silvia, relativo al ritrovamento dei due dispositivi in cantina, desta i primi sospetti degli inquirenti. E la consulenza informatica sul cellulare trasformerà i sospetti in indizi di colpevolezza, dimostrando che quel sabato Laura non è mai uscita per fare una passeggiata. Prima dell'alba era già morta e il suo cadavere era già stato occultato in una buca, scavata tempo prima.
Sentita il 9, l'11 e il 12 maggio, Silvia riassume ai carabinieri gli eventi delle ore precedenti alla scomparsa della madre, ogni volta aggiungendo dei particolari. Spiega che Laura si era recata a Temù il venerdì sera per trascorrere la festa della mamma insieme a lei e a Paola. Descrive momenti piacevoli: chiacchiere spensierate per un'ora, l'augurio di una buona notte intorno alle 23.30 e il buongiorno alle 6.45 della mattina successiva.
«Lei era seduta sul divano e indossava il suo pigiama ed era intenta a scorrere qualcosa sul suo cellulare, probabilmente era su qualche social. Io le sono arrivata da dietro, l'ho salutata, lei mi ha risposto serenamente ma

era concentrata sul cellulare.» Silvia precisa che la madre aveva già fatto colazione. «Sul tavolo della cucina ho notato una tazzina di caffè, la tostiera, della ricotta e marmellata. Ho messo tutto in ordine, lasciando la marmellata sul tavolo.»

Prosegue, accennando che Laura si era interessata ai lavori di ristrutturazione dell'appartamento al piano inferiore: «Mia madre ha poi esordito dicendo che le piaceva tantissimo il laminato che avevamo appena posato. E mi ha ricordato che dovevamo andare a gettare in discarica i materassi vecchi posti al piano terra, in modo che avremmo iniziato a ripulire la cantina dei mobili vecchi, per sostituirli con altri nuovi dell'Ikea».

Riferisce che avevano parlato anche della gita a Cevo, programmata per la domenica. «Più tardi avrebbe voluto scendere in cantina a recuperare un guscio in gore-tex, appartenuto a mio padre, per farmelo indossare.» E che, mentre lei si stava preparando un caffè con la moka, la madre guardava fuori dalla finestra. «Diceva che, data la bella giornata, era proprio il caso di andare a fare una passeggiata. Mi ha chiesto se volessi accompagnarla, ma io le ho risposto di no, con tono svogliato. Le ho chiesto dove pensasse di andare, e lei mi ha risposto che sarebbe andata a fare un giro sopra Villa.»

È in quel momento che, secondo la sua narrazione, entra in scena Mirto e mette a bollire l'acqua per la tisana. «È giunto in sala mentre mia madre era ancora sul divano. Ha salutato mia madre e me, ed è venuto in cucina.»

Poi Laura avrebbe deciso di andare a cambiarsi per l'escursione. Silvia afferma di averla vista salutare Paola pochi minuti dopo: indossava un paio di jeans e una maglietta scura con le maniche lunghe. «Ho sentito mia madre che apriva l'armadio prospicente le scale che portano ai piani inferiori. Dopo un attimo ha detto: "Io vado".

La porta in fondo alle scale del nostro appartamento era chiusa a chiave e ho sentito lei che la apriva.» Non ha dubbi: «Erano circa le 7.05 quando mia madre è uscita dall'appartamento». E conclude: «Mirto, Paola ed io abbiamo continuato a fare colazione tra la cucina e il soggiorno, guardando la tv».

Paola ribadisce: «Mi sono alzata alle 6.55 circa. Mia madre era già in camera sua, presumo a cambiarsi. Uscita dal bagno, mi sono recata in cucina e l'ho vista uscire dalla sua stanza e dirigersi verso il pianerottolo. Credo che sia uscita alle 7».

Il resoconto di Mirto coincide con quello delle due sorelle. «Silvia si è svegliata per prima. Io mi sono svegliato alle ore 7.05 circa e pochi minuti più tardi si è svegliata Paola. Appena sveglio, mi sono vestito e sono andato in soggiorno. Ho trovato Laura seduta sul divano e Silvia in cucina. Ho salutato Laura, ma non mi ha sentito immediatamente poiché era concentrata sul suo telefono. Credo che fosse in pigiama, forse bianco o comunque un colore chiaro.» Si dice sicuro che Laura avesse lasciato l'abitazione alle 7.15. Per «ricostruire il suo orario di uscita, ho verificato a che ora mi ero connesso su Netflix, fatto avvenuto proprio quando Laura è uscita di casa».

Silvia, Paola e Mirto.

Tre persone, una sola versione dei fatti.

Il trio che si conferma. Che si rafforza con comportamenti solidali e complici. Che prova piacere nel fornire un'unica rappresentazione della realtà.

Sconfessata dagli accertamenti tecnici effettuati sul cellulare di Laura, dai quali sono emerse subito contraddizioni importanti.

A detta dei tre, Laura «smanettava sul cellulare» di

mattina presto e lo ha dimenticato in cantina, insieme all'orologio, dopo essere passata a prendere una giacca o un pile da indossare per la sua passeggiata. È stata Silvia a ritrovarli entrambi alle 13.49: l'orologio sopra la panca e il telefono incastrato tra la panca e il muro. In un angolo del tutto privo di ricezione.

Ma l'analisi informatica rivela che il cellulare non ha registrato traffico dati intorno alle sette. E l'applicazione contapassi non ha registrato alcuno spostamento negli istanti in cui i tre hanno asserito di avere visto Laura muoversi tra la camera, il soggiorno e le scale. Mentre ha registrato trentotto passi fra le otto e le 8.20, quando il telefono avrebbe dovuto giacere dietro la panca, senza segnale.

Non solo, quella mattina il cellulare risulta connesso alla rete ben oltre le sette e continua a scaricare la geolocalizzazione di Google in via Ballardini fino alle 9.57. Appena dopo perde il segnale, per poi rilevare la geolocalizzazione alle 11.54. Rimane disconnesso per altre due ore: si riaggancia alla rete alle 13.49, quando Silvia sostiene di averlo trovato.

Però è una scarpa con la suola rossa a cambiare completamente il corso delle indagini.

Laura Ziliani viene cercata per otto giorni su un'area più vasta rispetto a quella indicata dalle figlie. A battere a tappeto la zona sono gli operatori specializzati dei vigili del fuoco, della guardia di finanza, del soccorso alpino e speleologo. Un grande dispiegamento di forze che non porta a nulla.

Finché, il 23 maggio 2021, una segnalazione permette di rinvenire una scarpa nel letto del torrente Fiumeclo. Si tratta di una Salomon destra, misura 40 e 2/3. Scura, con strisce arancioni sui fianchi. Silvia la riconosce dalla suola rossa e dal grado di usura della stessa, dovuto a un difetto di postura della madre. In quell'occasione dichiara di non sapere dove possa essere la scarpa sinistra.

Il ritrovamento suona sospetto: viene ritenuto «improbabile» che la scarpa possa essere stata trascinata dal torrente in quel punto. La griglia posizionata più a monte, in prossimità della centrale elettrica, riduce di molto il flusso dell'acqua e blocca il passaggio di qualsiasi oggetto. La calzatura avrebbe potuto finire là solo se Laura fosse caduta in quel tratto. Circostanza esclusa, dato che le ricerche si erano concentrate proprio su quella porzione di torrente senza dare esito positivo.

Gli inquirenti iniziano a pensare che la Salomon sia stata abbandonata in quel luogo in un secondo momento, con la precisa intenzione di sviare le indagini. I dubbi convergono su Silvia, Paola e Mirto: sono loro ad avere visto per ultimi Laura il giorno della scomparsa. Dubbi che consentono al pubblico ministero Caty Bressanelli di ottenere l'autorizzazione a svolgere attività captative nei loro confronti.

Il 25 maggio, alle diciannove, i carabinieri di Ponte di Legno raccolgono in un boschetto e sottopongono a sequestro penale la scarpa sinistra, gemella di quella repertata due giorni prima.

A fare la segnalazione è un cittadino di Temù. Dalla finestra scorge «una ragazza e un ragazzo di circa trent'anni», camminano lungo la via che affianca il fiume Oglio. Li vede guardarsi intorno, prima di separarsi: la ragazza rimane sulla strada, mentre il ragazzo si addentra nella vegetazione. I loro spostamenti lo incuriosiscono, tanto da decidere di osservarli con il binocolo: «Il ragazzo proseguiva all'interno della macchia, riuscivo a intravederlo in mezzo agli alberi non molto fitti. La ragazza poneva in essere movimenti che mi hanno fatto pensare che non si volesse far riconoscere. Intendo dire che, al passaggio di un veicolo sulla via Saletti, credo fosse una Fiat Panda, la ragazza si è girata repentinamente con il viso verso il bosco e si è piegata fingendo di prendere qualcosa da terra». L'uomo continua a tenerli d'occhio: «La ragazza ha girato dietro il cassonetto e poi è tornata sui suoi passi, raggiungendo nuovamente il ragazzo che si muoveva nella macchia. A circa dieci metri dal cassonetto ho notato il ragazzo risalire sulla sede stradale. I due si sono quindi riuniti e a braccetto si sono allontanati in direzione di Temù».

Il testimone si reca sul posto. «In corrispondenza di dove avevo visto il ragazzo uscire e rientrare sulla strada e in mezzo alle sterpaglie e ortiche, ho notato una scarpa marca Salomon... era appoggiata a terra dal lato interno, pertanto posso dire con sicurezza che si trattava di una scarpa per piede sinistro.»

Dopo avere chiesto l'intervento dei carabinieri, l'uomo descrive i due soggetti. È convinto che la ragazza sia una delle figlie di Laura Ziliani, pur non sapendo indicare quale. E identifica Mirto Milani, tra le foto che gli vengono mostrate.

Il 10 giugno un altro uomo recupera un paio di jeans strappati nel letto del Fiumeclo e lo consegna ai carabinieri della stazione di Ponte di Legno. Silvia e Paola riconoscono quei jeans, mentre il compagno di Laura solleva molte perplessità.

Le analisi dei tabulati, delle celle telefoniche e delle telecamere stradali provano che Silvia e Mirto erano nei luoghi in cui, successivamente, sono stati rinvenuti i capi di vestiario di Laura. Posizionano Silvia e Mirto a Temù sia il giorno precedente al ritrovamento della prima scarpa, sia il giorno del ritrovamento della seconda. E il breve intervallo temporale tra l'arrivo a Temù e il rientro a Brescia dimostra che il 25 maggio i due erano saliti a Temù solo per dirigersi in quel boschetto. Gli accertamenti tecnici confermano anche che Silvia e Mirto, in compagnia di Paola, si trovavano vicini al Fiumeclo, pochi minuti prima che venisse segnalata la presenza dei jeans.

TROPPA GOFFAGGINE NEL TENTARE DI DEPISTARE E OCCULTARE LE PROVE.

È proprio il giudice per le indagini preliminari, Alessandra Sabatucci, a parlare di «goffo tentativo di occultamento delle prove» nell'ordinanza applicativa di misura cautelare nei confronti di Silvia, Paola e Mirto, siglata il 23 settembre 2021.

È una lista lunga quella dei tentativi poco strutturati messi in campo dal trio nell'attività di depistaggio.

Il 31 maggio Mirto conversa al cellulare con un amico e insinua il sospetto che Laura abbia inscenato la propria morte, per fuggire all'estero e non dovere rispondere dei debiti accumulati. «Io ci sto pensando ultimamente che lei ha dirottato dei soldi nel tempo su un altro conto, e adesso si sta facendo la bella vita da qualche parte...»

Il 26 giugno viene notificato il decreto di sequestro dei cellulari: Silvia, Paola e Mirto consegnano dispositivi diversi da quelli usati prima, durante e dopo la scomparsa di Laura. Si giustificano dicendo che, a causa di problemi economici, sono stati costretti a vendere i propri telefoni a un cittadino marocchino, incontrato presso la stazione ferroviaria di Brescia. Silvia specifica che il marocchino ha fornito loro altri tre apparecchi. Ma nel corso di una perquisizione, vengono trovate le scatole riconducibili a due dei tre cellulari sequestrati. Lei allora corregge il tiro, affermando che hanno acquistato tre telefoni nuovi in tre negozi differenti.

Alessandra Sabatucci scrive: «Appariva sin da subito evidente la natura scarsamente credibile di tali allegazioni: la contemporanea dismissione degli apparecchi telefonici in uso al trio portava a ipotizzare che gli indagati avessero voluto celare agli inquirenti il contenuto dei rispettivi dispositivi».

E fin qui, ci sarebbero già **TROPPE BUGIE**.

Eppure, la simulazione sembra non avere limiti. Settimane più tardi Silvia, Paola e Mirto si presentano alla caserma dei carabinieri per consegnare gli smartphone in loro uso all'epoca dei fatti. Sono accompagnati dall'avvocato difensore, lo stesso per tutti e tre. Gli apparecchi risultano resettati alle impostazioni di fabbrica. «Circostanza che li rendeva del tutto inservibili ai fini investigativi.»

Silvia cerca di motivare il ritardo nella consegna del cellulare e le falsità raccontate in merito, con una nuova versione. Forse ancora più improbabile e inammissibile delle precedenti.

«Provavo vergogna all'idea che altre persone potessero vedere foto e conoscere dati della mia vita privata e attinenti alle pratiche sessuali col mio fidanzato, Milani Mirto. Mi vergognavo anche che si venisse a sapere che mi ero iscritta ad un sito di scambisti.»

Paola le fa da cassa di risonanza: «Sono una persona chiusa, non ho consegnato prima il telefono perché mi vergognavo all'idea che altre persone potessero venire a sapere che ho una relazione con il fidanzato di mia sorella, Milani Mirto».

Anche le frasi di Mirto rispecchiano quelle delle sorelle. Ammette di avere una relazione parallela e sottolinea: «Ho sempre pensato che fosse una cosa illecita».

Dunque, avrebbero mentito per vergogna. E vogliono fare credere che la vergogna sia talmente incombente da offuscare l'urgenza di contribuire al ritrovamento di Laura.

La GIP non si fa prendere in giro.

Nonostante tutti e tre abbiano voluto precisare di non avere mai avuto intenzione di ostacolare le indagini, lei dà risalto al loro comportamento menzognero. «Il reset dei cellulari e il tentativo di sottrarli alle indagini appaiono iniziative ben lontane dal contegno che sarebbe stato lecito aspettarsi, quantomeno dalle sorelle Zani, a seguito della sparizione della madre, spiegabili solo accedendo all'ipotesi accusatoria.»

Tutti gli elementi raccolti da chi investiga conducono nella stessa direzione: gli esiti della consulenza informatica sul cellulare di Laura, il rinvenimento dei suoi capi di abbigliamento nei luoghi in cui erano stati geolocalizzati i tre, l'atteggiamento discutibile degli stessi. Elementi che si inanellano, come perline di una collana.

Sempre più convinti che Silvia, Paola e Mirto siano coinvolti nella scomparsa di Laura, gli inquirenti cominciano a domandarsi quale possa essere il movente alla base di un gesto tanto efferato.

Sono le intercettazioni a suggerire una possibile pista.

Già dal 26 maggio, quando iniziano le attività captative, le conversazioni registrano l'interesse del trio alla ricostruzione del quadro patrimoniale di Laura.

Laura percepiva lo stipendio per il suo impiego nel comune di Roncadelle, la pensione di reversibilità del marito, una pensione di invalidità. Al reddito mensile si aggiungevano le entrate derivanti dalle locazioni degli appartamenti, di cui era comproprietaria insieme alle figlie. Nell'asse patrimoniale della famiglia si contavano anche numerosi fabbricati e terreni.

Le intercettazioni rivelano la fretta dei tre di sostituirsi a Laura nella gestione degli immobili: contattano gli affittuari per chiedere aumenti e sollecitare gli arretrati, deviano i pagamenti sul conto intestato alle due sorelle. Ma ciò che colpisce di più sono i momenti di gioia e quelli di apprensione di Silvia e Paola. A soli venti giorni dalla scomparsa della madre, si congratulano a vicenda per un incasso imminente, con il quale potranno andare in vacanza, ma anche versare un anticipo per l'acquisto di una nuova auto. Nello stesso tempo, si confrontano sul timore che la nonna o gli zii possano proporsi come tutori di Lucia, comproprietaria di tutti i beni e unica usufruttuaria dell'appartamento di Brescia. In quel caso, non potrebbero amministrare in autonomia il patrimonio immobiliare.

Alessandra Sabatucci mette nero su bianco: «Tali captazioni, più di ogni altro elemento, mostravano l'assenza di qualsivoglia turbamento in capo alle Zani circa le sorti della madre. La loro unica preoccupazione sembrava rivolta agli aspetti economici della vicenda».

A confermare l'attaccamento al denaro da parte delle sorelle è Lucia, che al pubblico ministero confessa di non fidarsi di loro. Soprattutto dopo l'aggressività che avevano palesato nei riguardi della madre: «Si arrabbiavano con lei, perché dicevano che non le manteneva, non dava loro abbastanza soldi». E dopo averle sentite parlare male della nonna materna, che definivano «perfida come un serpente».

Le intercettazioni riscontrano un particolare interesse economico anche in Mirto, che spinge Paola a cercare bene nei file e negli armadi di Laura, si presume per trovare la documentazione bancaria. E Marisa ricorda i dissapori tra la figlia e Mirto, dovuti proprio alle ingerenze di lui nella gestione del patrimonio familiare. Pare che

Mirto si lamentasse perché Laura «spendeva tanti soldi per la ristrutturazione di via Ballardini».

TROPPE INGERENZE.

In questa storia viene individuato anche un «convitato di pietra», un fantasma sempre presente e operoso. Una figura che sembra nascondersi tra le pieghe della narrazione.

Mirna, la madre di Mirto Milani.

La sua personalità affiora durante le intercettazioni. A parlare di lei è chi la conosce bene.

«Lei è come sganciare... un pitbull... che ti si attacca alle palle e te le mastica, te le maciulla letteralmente» così la descrive Mirto al compagno di cella. E così ne tratteggiava il carattere Paola qualche mese prima: «Tua mamma è un trattore attaccato ai coglioni, ma è bello poterla scatenare contro qualcuno».

Anche l'avvocata a cui Mirna aveva chiesto di assistere le ragazze nell'amministrazione delle proprietà di Laura si è fatta un'idea precisa: «Sicuramente la trovavo una persona molto invadente».

Un'invadenza che, secondo i giudici della Corte d'Assise di Brescia, era dettata da un interesse «spasmodico» per il patrimonio di Laura. Mirna dimostrava quasi una «motivazione economica sua, maggiore rispetto a quella che potevano avere le sorelle e Mirto».

Infatti, il giorno successivo alla scomparsa di Laura, Mirna e il marito si trasferiscono a Temù. Non per una giornata, ma in via definitiva. Non in un albergo, nemmeno prendendo in affitto un appartamento. Occupano la stanza di Laura senza alcuna remora o, riportando ciò che ha osservato qualcuno, «come se fossero certi che lei non sarebbe più tornata».

«Ho notato che i genitori di Mirto si sono "accasati"

nella casa di Laura» riferisce Nicoleta ai carabinieri. «Penso addirittura che abbiano dormito sempre nella sua camera... addirittura quando Silvia e Paola hanno deciso successivamente di tornare a Brescia per accudire Lucia.»

Un lungo periodo, in cui Mirna si adopera per gestire le locazioni degli appartamenti, che cura come se fossero di sua proprietà. Ma anche per riscuotere crediti, stipendi e liquidazioni spettanti a Laura: è lei a contattare gli uffici pubblici e ad affiancare le ragazze nel rapporto con gli affittuari.

L'invadenza supera i confini della violazione della privacy, appena Mirna chiede al figlio Aron di frugare ovunque nell'abitazione di via Ballardini. Agli atti sono stati acquisiti i messaggi WhatsApp tra i due, con fotografie di documenti e oggetti personali di Laura: bancomat e carta di credito, libretto auto e certificato assicurativo, tessera sanitaria e di assenso alla donazione degli organi, ma anche gli scatti del contenuto di una sua borsa e di un beauty case.

Nella motivazione della sentenza del processo di primo grado si legge che quel comportamento «debordante» assunto dalla madre di Mirto potrebbe avvalorare il sospetto che il figlio l'avesse messa a conoscenza dell'omicidio sin da subito. Come pure un'intercettazione registrata alle 16.39 del 31 maggio 2021, quando Mirto e la madre mostrano estrema cautela nel conversare tra loro, al punto da escogitare un canale di comunicazione alternativo, non captabile dalle forze dell'ordine.

«Meglio parlare a quattr'occhi» propone Mirna.

«Guarda, prendi un altro telefono... mi chiami su un altro numero... in quel modo lì puoi dirmi quel cavolo che vuoi» replica Mirto.

Le sorelle testimoniano che Mirna non ha avuto niente a che fare con il delitto. Benché avesse «un grosso controllo su Mirto», Silvia esclude che lui possa averle confidato qualcosa.

Mirto giura che la madre si era recata a Temù solo per aiutare Silvia e Paola, per offrire un supporto emotivo. Assicura che non ha mai dubitato dell'omicidio. «Dopo che io ho fatto la confessione al pubblico ministero, i miei genitori sono venuti a trovarmi in ospedale e io gli ho confessato tutto quello che avevo fatto... e lì li ho uccisi.»

Mirna si è avvalsa della facoltà di non rispondere e ha fatto pervenire al presidente della Corte una lettera, con cui ha voluto prendere le distanze da Mirto.

«L'orrore commesso da mio figlio ha completamente devastato la mia vita, quella di mio marito, degli altri miei tre figli e dei miei familiari.» Si è premurata di chiarire: «Quando Mirto in psichiatria ci ha confessato quello che aveva fatto, ci è crollato il mondo addosso. Fino a quel momento da mamma gli avevo sempre creduto, da quel giorno non mi sono più sentita di andarlo a trovare». E ha chiuso scrivendo che pregherà sempre per la sua anima e per quella delle ragazze, sebbene non abbia il coraggio di perdonarli. «Sperando che quanto c'è ancora di buono in loro possa venir fuori.»

Parole studiate, soppesate, valutate con attenzione. Parole scaltre che, ancora una volta, potrebbero indurre a riflettere su quanto Mirna sappia «fare bene i conti».

L'8 agosto 2021 Temù si sveglia con il sole. È domenica e sono passati tre mesi esatti dalla scomparsa di Laura. I turisti che si stanno godendo la gita mattutina sulla pista ciclabile vengono distratti da un odore pungente. Incuriositi, si addentrano nell'area boschiva che fiancheggia il fiume Oglio. Sono convinti di trovare la carcassa di un animale, forse di un cervo. Ma scoprono una realtà di gran lunga più macabra.

Dalle sterpaglie spunta un cadavere, parzialmente coperto da rami secchi e dal limo tipico della zona. La posizione prona e lo stato di decomposizione non impediscono di capire che si tratti di una donna.

Il volto non è riconoscibile. Indossa solo la biancheria intima: una canottiera e un paio di slip. I piedi sono scalzi. Sul lobo sinistro spicca un orecchino a cerchio, piccolo e impreziosito da brillantini.

È Laura.

Il compagno riconosce i pochi capi di abbigliamento. L'esame del dna e la comparazione con il profilo genetico di Lucia ne confermano l'identità.

Il compagno però fa notare un particolare: Laura non usciva mai di casa senza il reggiseno: gli indumenti con cui è stata rinvenuta sono quelli che usava per dormire.

Il corpo viene trasportato all'Istituto di medicina legale agli Spedali Civili di Brescia, dove il direttore Andrea Verzeletti riceve l'incarico di definire le cause della morte, i mezzi che l'hanno provocata e l'epoca del decesso.

L'esame autoptico esterno non rileva né lesioni né ecchimosi. Negli organi interni non vengono riscontrate alterazioni di ordine naturale. Dalla TAC non emergono lesioni a carico delle strutture ossee, nemmeno delle strutture cartilaginee. Non c'è acqua nei polmoni e non sono presenti tracce di terriccio nel cavo orale. Sulla base di questi esiti, viene esclusa l'ipotesi che Laura sia morta in seguito a una caduta accidentale mentre stava passeggiando. Ma anche l'ipotesi che sia stata stroncata da un infarto o da un ictus ischemico.

Invece, la presenza di «petecchie a livello pleurico e note di enfisema a livello polmonare» indirizza verso la tesi dell'omicidio. Laura è stata soffocata.

Diventa necessario stabilire l'epoca della morte. Quindi entra in gioco la figura dell'entomologo forense, in questo caso Stefano Vanin, professore di zoologia presso l'università di Genova.

L'entomologia forense è la disciplina che studia i cicli vitali degli insetti che si sviluppano sui resti umani in decomposizione. Potremmo definirla la scienza che analizza il comportamento degli insetti sulla scena del crimine, allo scopo di determinare la data e il luogo del decesso, ma anche per capire se il cadavere sia stato spostato o meno. I corpi in putrefazione attraggono gli insetti, soprattutto ditteri e coleotteri. Le mosche sono quasi sempre le prime a deporre le uova, seguite da altre specie che colonizzano il cadavere durante le varie fasi della trasformazione *post mortem*. È proprio identificando uova e larve, che l'entomologo forense calcola quando è sopraggiunta la morte e se in un ambiente compatibile con quello del ritrovamento del corpo.

Nel caso di Laura, Vanin ha accertato che la colonizzazione da parte degli insetti era iniziata pochi giorni prima della scoperta del cadavere. Tuttavia, lo stato di decomposizione collocava la morte a un periodo molto precedente. Questo ha suggerito la conclusione che «il decesso fosse da ricondurre alla notte tra il 7 e l'8 maggio e che il corpo fosse stato inumato» nell'immediatezza dei fatti in un posto diverso ma non lontano da quello del rinvenimento. Poi il 5 agosto, dopo un lungo periodo di sepoltura, l'esondazione del fiume Oglio l'ha dissotterrato e trascinato più a valle, esponendolo agli agenti atmosferici e all'attività degli insetti.

Conclusione che è servita a rafforzare il quadro indiziario nei confronti di Silvia, Paola e Mirto.

La GIP evidenzia: «Alla luce del vestiario della Ziliani e delle condizioni di conservazione del suo cadavere, si ritiene dunque che la sua morte sia occorsa durante la notte e che il suo corpo sia stato lungamente occultato in un luogo che ne ha permesso una discreta conservazione per l'ampio lasso temporale di tre mesi. Ciò avvalora la conclusione che Ziliani Laura abbia trovato la morte all'interno delle pareti domestiche per mano dei tre soggetti ivi presenti la sera dei fatti, e che gli accadimenti successivi altro non siano che un tentativo di depistaggio posto in essere dagli autori del reato».

È il referto degli esami tossicologici a fornire la conferma definitiva.

Le indagini effettuate sul materiale biologico prelevato dal corpo di Laura in sede di autopsia hanno rilevato la presenza di tre benzodiazepine: Bromazepam, Delorazepam e Clonazepam. Un potente mix di sostanze con azione ansiolitica e ipnotico-sedativa.

TROPPE BENZODIAZEPINE.

La quantità riscontrata non avrebbe potuto causare la morte, ma era più che sufficiente per gettare Laura in uno stato di torpore profondo.

Ecco la tessera mancante del puzzle, per stabilire che il decesso di Laura è stato provocato da una «asfissia meccanica» messa in atto grazie a una «sproporzione di forze tra aggressore e vittima», compatibile con la ridotta capacità di reagire e di difendersi di Laura, in seguito all'assunzione non volontaria di benzodiazepine.

Quelle stesse benzodiazepine che i carabinieri avevano sequestrato nell'appartamento delle due sorelle, e che Silvia aveva sottratto di nascosto dalla casa di riposo dove lavorava.

Il 24 settembre 2021 Silvia, Paola e Mirto finiscono in manette.

Nell'ordinanza applicativa di misura cautelare della custodia in carcere si parla di «eclatante gravità del fatto» e di «efficienza criminale» dei tre indagati, che hanno dimostrato «una non comune freddezza a dispetto della giovane età».

Silvia e Paola entrano mano nella mano nel carcere femminile di Verziano. Mirto viene condotto a Canton Mombello.

Si chiudono nel silenzio per mesi. Solo in seguito si scoprirà che avevano stipulato un patto ferreo di fedeltà reciproca: non avrebbero mai dovuto parlare «ad anima viva e neanche fra di loro dell'accaduto».

Ma ci sono segreti talmente orribili da divorare ogni altro pensiero, da gravare sul petto tanto da togliere il fiato, da riempire la mente fino a farla esplodere. Segreti che imprigionano e da cui si deve fuggire per trovare un po' di libertà. Non importa se dietro le sbarre.

Forse è stato questo a spingere Mirto ad aprirsi con il compagno di cella. A fidarsi dell'uomo che, a sua insaputa, aveva chiesto e ottenuto di condividere le giornate insieme a lui solo per carpire quei segreti e collaborare con gli inquirenti. Quell'uomo che in un'intervista a *Il giornale di Brescia* ha puntualizzato di non avere ricevuto alcuno sconto di pena, ma di averlo fatto «per una questione etica».

Nel tempo, Mirto gli racconta versioni differenti. All'inizio si dichiara totalmente estraneo ai fatti. Poi si assume la responsabilità del solo occultamento del cadavere. Infine, ammette l'omicidio.

Il compagno di cella lo interroga, lo ascolta. Lo spia.

A fine ottobre 2021 consegna al direttore del carcere alcuni fogli. Sembrano bianchi, ma guardando con attenzione sono graffiati da una serie di lettere, parole. Frasi che Mirto ha inciso facendo pressione con la penna.

Sono le istruzioni per depistare le indagini. E sono indirizzate alla famiglia.

Il pubblico ministero ne ha dato lettura in aula, nel corso di una delle udienze del processo.

Mettere secchio su strada, dentro bruciare jeans, calze, reggiseno taglia terza, maglietta a maniche lunghe, lasciare in rientranza strada Edolo Aprica. Su secchio lasciare dna di uomo, età compresa 45/60, incastrare capelli dentro manico oppure strofinare sigaretta usata o mascherina usata, farlo anche su lettera e busta e mettere impronte. Usare sempre mezzi pubblici, guanti e mascherina, tenere cappuccio in testa, portare tre cambi, cambiarsi in bagni bar. Dopo aver messo secchio aspettare 10/15 giorni, poi inviare lettera. Non portare mai dietro cellulare o altri oggetti rintracciabili o tracciabili. Scrivere lettera su vecchio pc portatile poi buttarlo. Mettere pagina lettera nascosta in altro file su chiavetta, fare stampare in posto pubblico, poi buttare chiavetta. Su lettera scrivere che dispiaciuto, per questo ha ridato corpo, scrivere che ha lasciato suoi orecchini diamante perché non è un ladro, scrivere che gli ha lasciato canottiera blu, scrivere che gli aveva rovinato la vita, scrivere che l'aveva avvertita, scrivere che ha preso suo secondo cellulare e ha provato a prendere altro cel per capire che è antifemminista. Inviare lettera a giornali, tv e polizia, no carabinieri, dna e impronte solo su una lettera. Comprare busta e francobolli in posti diversi in giorni diversi. Mandare lettera da grande città.

Vi prego, fatelo, qua è un inferno.

Mirto nasconde i bigliettini nella biancheria sporca che la madre preleva dal carcere, e il compagno di cella li fa trovare all'amministrazione penitenziaria. Ci sono anche due lettere che i familiari di Mirto avrebbero dovuto ricopiare e spedire per allontanare i sospetti da lui e dalle sorelle Zani. Lettere in cui un fantomatico amante di Laura confessava l'omicidio, offrendo particolari che solo l'assassino avrebbe potuto conoscere.

Messo con le spalle al muro, il 24 maggio 2022 Mirto confessa davanti alla PM.

I giorni successivi confessano Silvia e Paola, rispettivamente il 25 e il 26 maggio.

Ancora una volta, le versioni sono sovrapponibili.

E ancora una volta stupiscono per la **TROPPA FANTASIA**.

Il colpo di scena più inaspettato è il movente. Non hanno ucciso Laura per motivi economici, nemmeno per odio. Lo hanno fatto per legittima difesa.

Legittima difesa... vale la pena ripeterlo, perché questa dichiarazione è talmente assurda da risultare paradossale. Così come tutto il resoconto volto a incolpare Laura di tentato omicidio nei loro confronti.

Secondo Silvia, Paola e Mirto, Laura aveva l'obiettivo di ucciderli. E ci avrebbe provato in più occasioni e con espedienti diversi. Questo perché si sarebbe sentita «bloccata con tre figlie, di cui una disabile», mentre ambiva a una maggiore libertà.

Silvia racconta che tutto ha inizio il 3 giugno 2020, quando lei e Mirto stanno male dopo avere bevuto un caffellatte. Controllando la confezione, si accorgono che il latte «ha un forte odore di candeggina». Dubitano subito di Laura, perché è proprio lei a menzionare gli effetti tossici della candeggina durante un pranzo. Ed è da lei che Silvia e Paola non si sono mai sentite né amate né apprezzate. Al contrario, si sono convinte di non essere figlie gradite: Silvia, perché la madre le rinfaccia spesso di averla avuta troppo giovane per potersi godere la vita,

Paola, perché ha percepito di non essere stata neppure desiderata, ma concepita per errore. «Non ha mai parlato della nostra nascita come di una gioia.» Affrontano il rapporto con lei in modo competitivo e ne escono sempre sconfitte. Nella sua perizia, Giacomo Filippini scrive: «È una madre che riesce in tutto, che loro vivono come giudicante e soprattutto svalutante». Si vedono in conflitto anche nella gestione degli immobili e sulle opinioni nei confronti di Mirto. «La mamma lo riteneva pigro... una persona insipida.»

L'immaginazione del trio non conosce pudore e la favola continua.

Dopo l'episodio della candeggina i tre smettono di consumare i prodotti acquistati da Laura. «Evitavamo di utilizzare le salse, la marmellata ed altro maneggiato da lei.»

Un giorno «Paola ha fatto cadere il sale, lo ha pestato a piedi nudi e le sono spariti i calli fino a formarsi un buchino sul tallone». A quel punto ispezionano la scatola del sale e trovano «una pastiglietta rotonda di colore bianco». Mirto la prende in mano e avverte un senso di bruciore.

Qualche settimana più tardi, Mirto apre un vasetto di Nutella e nota «una specie di patina oleosa», la assaggia per verificare se sia stata trattata con sostanze tossiche e «stramazza a terra dopo averne ingerita un po'».

Giurano che i tentativi di avvelenamento erano costanti: «Spesso stavamo male con reflusso e malessere generale», Mirto anche con «episodi di emorragie quando andava in bagno». Le loro condizioni di salute miglioravano appena Laura si assentava.

Agguati mortali che avrebbero generato in loro «l'incubo di essere avvelenati». Ma non ne fanno parola con nessuno, perché non hanno amici e con la nonna e gli zii i rapporti non sono buoni. Scartano anche l'idea di rivolgersi alle forze dell'ordine: «Non avevamo alcuna prova in mano e temevamo che non ci avrebbero creduto».

Decidono di mandare un avvertimento a Laura, per farle capire di avere scoperto il suo intento omicidiario. Silvia si introduce di nascosto nella casa di Brescia, dove la madre vive con Lucia, e infila una bustina di tè dentro la moka: vuole dimostrarle che anche lei potrebbe farle del male, se solo lo volesse.

Sebbene la situazione sembri migliorare, loro non si fidano più di Laura e cominciano a sospettare che sia coinvolto anche il compagno di lei, perché Mirto ha registrato una conversazione, in cui i due parlano di «disfarsi delle figlie» sciogliendo delle pastiglie nella marmellata. Una registrazione che, guarda caso, è andata persa in seguito alla rottura del telefono di Mirto. Così come non c'è traccia di quegli alimenti contaminati, né dello scontrino per l'acquisto del topicida che Silvia dice di avere trovato tra i documenti della madre. Nemmeno del file criptato «Pippo», nel quale Laura avrebbe riportato la sigla di una pistola. Tutti elementi che i tre sostengono di avere perso o eliminato per timore che gli inquirenti potessero considerarli un movente e dunque indirizzare le indagini verso di loro.

«Era ormai chiaro... che la mamma stesse cercando di farci del male» dichiara Paola al pubblico ministero.

«Mi sentivo come se avessi una pistola puntata alla testa, come se ogni volta che lei saliva premeva il grilletto e stavamo giocando alla roulette russa, non sapevo quando il proiettile sarebbe partito per spaccarmi la testa» afferma Silvia in aula, nell'esame del 30 marzo 2023.

«Abbiamo cominciato a pensare che l'unica nostra possibilità sarebbe stata quella di eliminare Laura» ribadisce Mirto.

Paola aggiunge di essere stata coinvolta nel piano in un secondo momento e di avere accettato solo una volta capita la reale necessità: «Avevamo pensato che la mamma fosse impazzita e volesse ucciderci... e che ucciderla e non fare mai sapere a nessuno la verità forse sarebbe stato il male minore per tutti».

Non hanno avuto scelta. Questa è la loro narrazione.

Ma come liberarsi di Laura?

Qui diventa protagonista la passione che li ha sempre accomunati, quella per le serie televisive.

«Guardavamo due, anche tre ore di tv al giorno... guardavamo tantissime serie.»

Da *Dexter* a *Breaking bad* a *I Borgia*.

In uno degli episodi di *Dexter* scoprono gli effetti tossici dell'aconito, così si affrettano a raccogliere radici e tuberi della pianta lungo la pista ciclabile di Temù. Ma l'estrazione del principio attivo fallisce. Traendo ispirazione da *Breaking bad* e seguendo a passo a passo un filmato in lingua inglese, ricavano una polverina sottile dalla pianta del ricino, che inseriscono nei bocchettoni dell'aria condizionata dell'auto di Laura. Appena si rendono conto che non funziona, mescolano dell'antigelo alle bevande. E quando tutti gli esperimenti si rivelano inutili, pensano di simulare un incidente in montagna, oppure di servirsi del monossido di carbonio. Valutano anche di accoltellarla, ma desistono per il timore di non riuscire a cancellare le tracce di sangue. Infine, da *I Borgia*, si fanno venire in mente l'idea di strozzarla, ma solo dopo averle somministrato delle benzodiazepine, per allentare la sua capacità di reazione.

TROPPE SERIE TELEVISIVE.

Poco alla volta, Silvia inizia a sottrarre le benzodiazepine dai flaconi della RSA presso cui lavora.

Il primo tentativo lo mettono in atto nel weekend di metà aprile 2021. Preparano dei muffin al cioccolato e Mirto ci inietta una dose massiccia di benzodiazepine. «Volevo che Laura non soffrisse, che passasse dal sonno alla morte.» La loro speranza era «che i farmaci facessero effetto da soli».

Laura cade in un sonno profondo, ma non cessa di respirare. Mirto si fa prendere dal panico, non ha il coraggio di soffocarla e convince le sorelle a rinunciare. Concordano di riprovarci più avanti.

I giorni successivi Laura sta male, è confusa, fatica a parlare e a rimanere sveglia. Non risponde alle chiamate del compagno e manda messaggi pieni di errori di digitazione. Non è nemmeno in grado di guidare per rientrare a Brescia. Sarà proprio il compagno a suggerirle di farsi visitare da un medico, perché teme che le figlie l'abbiano avvelenata. Ma Laura non può crederci, non vuole crederci.

Silvia propone un nuovo piano, però Mirto si tira indietro. «Si era spaventato... e più volte aveva manifestato dei dubbi, dicendo che aveva troppo da perdere.» Per un attimo fantasticano di trasferirsi tutti all'estero, alle Canarie. Ma il Covid blocca il loro progetto.

Il 7 maggio decidono di attuare il piano originario.

Cucinano la torta per la festa della mamma e con l'impasto avanzato preparano i muffin, all'interno dei quali Mirto inietta trenta gocce di benzodiazepine. Dopo averne mangiati due, Laura va a dormire. Silvia e Paola sono pronte, ma Mirto ricomincia ad «accampare scuse», non se la sente.

È Silvia a entrare nella camera da letto di Laura per prima.

«La luce era spenta e mia mamma dormiva. A un certo punto è entrata anche Paola. Ricordo di avere messo le mani intorno al collo di mia mamma. Paola la teneva ferma con il suo peso e le teneva il corpo fermo con le braccia.» Nel suo resoconto, Silvia spiega che Mirto le raggiunge solo quando si accorge che le cose non stanno andando come previsto: «Pensavo che sarebbe stato tutto molto più rapido e meno doloroso, credevo che sarebbe durato meno di un minuto, pochi secondi e che sarebbe presto finito tutto. Invece ne è uscito un pasticcio».

Mirto sente un «urlo soffocato», capisce che le ragazze sono in difficoltà e irrompe nella stanza per «dare il cambio» a Silvia, mettendo la sua «mano destra sul collo di Laura».

Mentre Paola continua a bloccare i movimenti della madre, Silvia corre in cucina a prendere un sacchetto dell'immondizia. «Sono tornata in camera e l'ho infilato sulla testa di mia madre. Ho utilizzato una striscia di velcro per chiudere il sacchetto... ricordo che mia madre respirava ancora, infatti il sacchetto si gonfiava e si sgonfiava così da appiccicarsi alla sua faccia.»

Laura resiste e Silvia perde il controllo. Urla: «Muori puttana!» E la colpisce con un pugno.

«In quel momento la odiavo perché mi stava costringendo a farle quello, mi avrebbe rovinato la vita.»

Il cuore di Laura si ferma, ma loro controllano e ricontrollano il battito per essere sicuri che sia morta.

Silvia sfila il pigiama alla madre. «In effetti è stato un errore» ammette davanti alla PM, una volta compreso che il ritrovamento del cadavere in biancheria intima non avrebbe mai potuto essere compatibile con una passeggiata in montagna.

Paola e Mirto lasciano la stanza, Silvia avvolge il cadavere nella pellicola trasparente, senza mai togliere il sacchetto dalla testa. Lo fa per non «disperdere capelli e tracce», ma soprattutto perché non se la sente di guardare la madre in faccia.

In garage Paola e Mirto preparano l'auto: rimuovono il portapacchi per non renderla riconoscibile, rivestono il bagagliaio con dei teli di plastica e coprono le targhe. Preparano anche due secchi di «malta bastarda e colla... materiale che serviva per coprire il corpo perché la buca era poco profonda».

Il cadavere di Laura è ancora in camera, dentro due sacchi neri. «Avevamo pensato di usare una barella improvvisata fatta da me e Mirto, ma era troppo ingombrante per la scala» riferisce Paola. Quindi deve occuparsene Mirto. «Mi sono caricato Laura sulle spalle e l'ho portata in cantina dove c'era parcheggiata l'auto di Silvia. Ho messo il corpo nel baule infilandolo da dietro, mettendo sotto un telo di plastica.»

Alla guida si siede Silvia. Gli altri due si sistemano sui sedili posteriori. Hanno già studiato il tragitto: «Stradine secondarie anche in mezzo ai campi» per evitare di essere ripresi dalle telecamere comunali, e lo percorrono a fari spenti.

In aula, Silvia chiarisce che avevano scavato tre buche: la prima per il tentativo fallito del 16 aprile, poi abbandonata perché difficilmente accessibile al buio. La seconda mai completata per via del terreno troppo duro. La terza è la meta di quella notte.

Una volta raggiunta, «Mirto si avvia con mamma sulle spalle... mi chiama perché non riesce a portare da solo il corpo».

Strappano la pellicola e il sacchetto dal cadavere, poi lo inseriscono nella fossa «in posizione fetale» e con «la testa che guarda verso Ponte di Legno e le gambe verso Edolo, il volto rivolto verso Temù».

Laura è pronta per essere occultata.

«La copriamo con la miscela di cemento e poi con la sabbia tolta dalla buca quando l'avevamo scavata. Ricopriamo la buca con delle sterpaglie e dei rami. Cancelliamo le impronte dalla sabbia con un ramo...».

Sono sicuri di avere fatto un buon lavoro. «Il corpo era del tutto coperto. Eravamo tranquilli che in quel modo non sarebbe stato trovato.»

Sono anche sicuri di non avere lasciato tracce perché hanno sempre indossato «delle cuffie forse da doccia o da piscina, dei guanti monouso, tute da imbianchino e, come calzari, dei sacchetti di plastica avvolti con nastro adesivo... mascherine FFP2».

Rientrati a casa, si liberano di tutto, compresi gli indumenti che la madre avrebbe dovuto avere addosso per l'uscita in montagna, secondo il loro racconto. «I sacchi di plastica sono stati bruciati... insieme ai guanti di lattice che abbiamo indossato... abbiamo bruciato anche il reggiseno, dei jeans, una maglietta scura a maniche lunghe.»

Durante il processo precisano che i jeans rinvenuti nel torrente non erano di Laura e non li avevano piazzati loro, nonostante Silvia avesse affermato il contrario. Invece, avevano gettato le scarpe dal finestrino dell'auto. Stavano cercando di recuperare la sinistra, quando sono stati visti nel boschetto: Mirto «non voleva lasciarla in quel posto».

Esausti vanno a dormire e la mattina si accordano sulle modalità con cui inscenare la scomparsa di Laura. Mirto suggerisce a Silvia e a Paola di piangere: «Dovete sembrare disperate».

Sono sicuri di avere fatto un buon lavoro.

Sono sicuri di non avere lasciato tracce.

Sono sicuri di non venire scoperti... e di farla franca.

TROPPE CERTEZZE.

È incredibile come in un'unica storia possano confluire e mescolarsi così tante, **TROPPE COSE STRANE**. Dai semi di ricino alla Nutella avvelenata, dai pizzini con messaggi in codice nella biancheria sporca al lancio delle scarpe dal finestrino dell'auto, dall'identificarsi in killer professionisti alle sedute di psicoterapia per migliorare l'autostima, dai siti per scambisti ai file criptati, dalle lacrime di coccodrillo a un copione comportamentale per ogni situazione. Non manca niente. Nemmeno il simulato tentativo di suicidio di Silvia e Paola, in cima alla Torre dei francesi al castello di Brescia alle due di una calda notte d'estate. Con tanto di messaggio audio di addio e discolpa, indirizzato a Lucia.

Troppo anche per la Corte d'Assise che, all'esito dell'udienza del 30 marzo 2023, dedicata all'esame degli imputati, dispone la perizia psichiatrica per verificare la loro capacità di intendere e di volere. L'incarico viene affidato a Giacomo Filippini, psichiatra specializzato in criminologia e psicopatologia forense.

«I tre hanno agito nella piena consapevolezza del disvalore delle loro azioni» si legge nelle conclusioni del perito. Nessuna patologia di tipo psicotico, nessuna deriva delirante, nessun disturbo di personalità. Sono persone dotate di un grado intellettivo superiore alla media e nessuno di loro è risultato particolarmente suggestionabile. «Anche dopo la carcerazione hanno mantenuto complessivamente un buon equilibrio psichico.»

In altre parole: Silvia, Paola e Mirto sono capaci di intendere e di volere. E lo erano al momento dei fatti. Conclusione sulla quale concordano anche i consulenti di parte.

Filippini sottolinea che gli imputati hanno organizzato il delitto con lucida perseveranza e sono riusciti ad avere un approccio razionale e freddo per un periodo piuttosto lungo. Una lucidità che si è palesata persino nelle successive azioni di depistaggio. Nella «convinzione errata di poter, in questo modo, evitare le conseguenze di un gesto, la cui gravità era a loro ben evidente».

«Tutti per uno, uno per tutti» scriveva Alexandre Dumas ne *I tre moschettieri*. E un proverbio del Burkina Faso recita: «Se le formiche si mettono d'accordo, possono spostare un elefante», facendo eco al più noto «L'unione fa la forza». Del resto: «Qual è il suono di una sola mano che applaude?» e «Quando mai è stato fatto il miele da una sola ape?»

Sono stati proprio Silvia, Paola e Mirto ad accreditarsi come «un'entità unica e indivisibile», una sorta di "trinità" capace di affrontare ogni situazione a «file serrate». A lungo hanno rivendicato con orgoglio una matrice identitaria comune. **TROPPA CONVINZIONE CHE IL TRE SIA IL NUMERO PERFETTO**.

Motivo per cui la Corte ha voluto approfondire con gli psichiatri le dinamiche del gruppo, che già nella fase incidentale cautelare era stato definito un «trio criminale». Per capire il ruolo dei tre singoli imputati e misurare il contributo di ognuno di loro al proposito omicida e all'evento delittuoso.

Sebbene i tre presentino differenti caratteristiche personologiche e intellettive, è emersa l'assenza di figure dominanti e di personalità recessive patologicamente manipolabili. Nella motivazione della sentenza viene specificato che «i tre hanno agito di concerto tra loro, concorrendo a comporre, ciascuno per la propria parte, il mosaico del progetto criminoso».

Mirto si è mostrato l'elemento più fragile e il meno convinto a portare a termine l'uccisione, eppure è stato lui a ideare il delitto insieme a Silvia, a scavare le buche.

E a stringere per ultimo il collo di Laura, diventando di fatto l'autore materiale dell'omicidio.

Silvia si è rivelata la più decisa nel prendere l'iniziativa e nello spronare gli altri, sia nel tentativo fallito di aprile, sia in quello successivo e riuscito di maggio. E si è accanita in modo spietato contro la madre.

Paola è l'ultima ad avere aderito al piano, ma lo ha sposato in pieno, fornendo un contributo determinante allo svolgimento di ogni fase.

Il perito Giacomo Filippini ha osservato una difficoltà nell'individuare all'interno del percorso psicocriminogenetico «figure o più deboli o prevalenti». Ossia, nel trio si era prodotta una miscela di comportamenti «fluidi e oscillanti, caratterizzati dalla circolarità dei ruoli e dall'assenza di una figura carismatica». Dello stesso avviso è Mario Massimo Mantero, consulente della difesa di Mirto: «Tutti e tre erano importanti e tutti e tre avevano una funzione per l'altro, quindi una specie di famiglia altamente disfunzionale».

Nicola Poloni, consulente della difesa di Silvia, esorta a riflettere sul fatto che «la mente di un gruppo è diversa dalla mente delle singole persone che lo costituiscono». I tre, presi individualmente e singolarmente, non avevano mai avuto impulsi antisociali, né pregressi di violenza. «Se non ci fosse stata una condizione gruppale, il reato non si sarebbe manifestato.»

Da queste considerazioni forse trapela anche il vero movente dell'omicidio: «Gratificare l'ego del gruppo».

Laura è diventata «capro espiatorio e vittima sacrificale», il nemico esterno al gruppo, che ha consentito di unire le singole intelligenze e le rispettive competenze per realizzare un'impresa comune e «cementare il gruppo» stesso.

Questo spiegherebbe anche perché il trio non abbia pensato di uccidere Laura in modo più semplice, ma si sia sforzato di mettere in atto un piano «cervellotico», contrassegnato da una lunga gestazione fatta di continui esperimenti. Il trio aveva bisogno di un progetto ambizioso e accattivante per celebrare la propria coesione.

Di conseguenza, secondo i giudici vengono meno il movente economico e il risentimento di Silvia e Paola verso la madre, che sbiadiscono e si sfaldano durante l'esame dei tre nel corso del dibattimento. Anche il teorema dei tentativi di avvelenamento orditi da Laura nei loro confronti supera le logiche del buon senso e viene ritenuta una tesi finalizzata a invocare in sede processuale la scriminante della legittima difesa o del vizio di mente.

In sintesi, Silvia, Paola e Mirto hanno sopravvalutato le proprie capacità individuali e di entità unica e indivisibile. Influenzati dalle serie televisive, hanno creduto di farla franca. Sono «inciampati» nell'inseguire «ipotesi complesse e fantasmagoriche», che li hanno distolti dalla realtà. «Hanno così finito per ergersi a protagonisti non di un "romanzo" ma di una sorta di "fumettone criminale".»

Il 7 dicembre 2023 la Corte d'Assise di Brescia si è espressa contro il trio criminale, il gruppo diabolico. La trinità.

Silvia, Paola e Mirto sono stati dichiarati colpevoli del reato di omicidio volontario aggravato dalla premeditazione e dall'avere commesso il fatto a danno dell'ascendente. Ma anche del reato di lesioni volontarie aggravate e di quello di soppressione del cadavere.

I giudici hanno escluso la possibilità di riconoscere le attenuanti generiche, alla luce della gravità del fatto, del lungo periodo di incubazione del proposito criminoso, della protratta sofferenza arrecata a Laura. Nonché dell'assenza di un reale pentimento.

La Corte li ha condannati tutti alla pena dell'ergastolo con isolamento diurno per sei mesi.

Nelle novantotto pagine di motivazione della sentenza spiccano parole come «abominio», «crudeltà raccapricciante», «algido cinismo».

Manca ancora la parola "fine", perché i legali dei tre hanno impugnato la sentenza di primo grado e depositato l'istanza per il ricorso in appello. Ci sarà dunque un secondo processo, in cui le rispettive difese chiederanno di escludere le aggravanti, a partire dalla premeditazione.

Nel frattempo, il trio criminale si è sciolto.

Dal giorno in cui Mirto ha spifferato tutto al compagno di cella per poi confessare al pubblico ministero, tradendo la fiducia delle due fidanzate.

Il 27 aprile 2023 Silvia ha ammesso di essersi sentita ferita quando Mirto ha violato il «patto di fedeltà». E di avere deciso di interrompere la relazione. Per «capire onestamente dove inizio io e dove finisce lui». Ha smesso di leggere le lettere che le invia: «Non voglio che il suo pensiero influisca più sul mio, voglio cercare, per la prima volta, in quasi dodici anni, di pensare con la mia testa». Ha sollevato dei dubbi sulla ricostruzione resa in precedenza: «La volta scorsa... ho seguito quello che avrebbe fatto il trio, perciò... di spalleggiarci. Questa volta sono venuta soltanto per me stessa».

Si è svincolata da lui. E dalla trinità.

Lo ha confermato anche Paola.

Nell'udienza del 30 marzo 2023, il presidente della Corte ha voluto sapere: «Quindi non siete più un trio criminale?»

«No, decisamente no. Silvia e Mirto volevano sposarsi, ma da oggi non è più così.»

Non è più così.

Dopo avere ascoltato l'esame di Mirto in aula, Silvia gli ha urlato: «Fottiti!»

La trinità era una delle troppe fantasie di cui i tre si nutrivano. La più importante. Il vessillo nel quale identificarsi, il simbolo del piacere proibito. Il loro posto nel mondo. Forse l'unica ragione per quell'esistenza che non riuscivano ad afferrare, a indirizzare... che come singoli individui non sentivano appagante. La trinità era la risposta alla solitudine, al senso di inadeguatezza. Era la forza. L'illusione che hanno confuso con la realtà, perdendo di vista limiti e confini.

Se più formiche insieme possono spostare un elefante, tanti pezzi di legno fanno divampare un incendio. Ma il fuoco non illumina... brucia, cancella. Divora. E nelle fiamme nulla vive.

3

Liliana Resinovich

Ci sono storie destinate a rimanere un mistero.

La morte di Liliana Resinovich è una di quelle.

Sono tanti i dettagli attraverso cui è possibile raccontarla, ma ce ne sono altrettanti sconosciuti che non consentono di raccontarla dall'inizio alla fine. Che lasciano buchi, come strappi su una tela, come tessere mancanti di un puzzle. Alcuni di quei buchi sono talmente grandi da non permettere di rispondere nemmeno alla prima domanda. Quella più importante.

Liliana Resinovich è stata uccisa o si è suicidata?

Al momento abbiamo solo due certezze, che corrispondono a due date. Il 14 dicembre 2021, il giorno in cui Liliana Resinovich scompare. Il 5 gennaio 2022, il giorno in cui il suo corpo viene trovato senza vita in un boschetto, avvolto da due sacchi neri dell'immondizia e con la testa infilata in due sacchetti più piccoli. Cosa sia successo prima e nei ventidue giorni che collegano la scomparsa al ritrovamento forse rimarrà per sempre offuscato da un inquietante cono d'ombra.

La prima fase delle indagini e la prima autopsia non hanno fornito risposte esaustive. Anzi, hanno incrementato i dubbi. L'autopsia non rileva lesioni riconducibili all'azione di terzi e fa risalire il decesso a due o tre giorni prima del rinvenimento del cadavere, per via del buono stato di conservazione del corpo. La procura assume l'ipotesi del suicidio come unica ricostruzione possibile, determinata dalla mancanza di indizi a favore dell'omicidio, quindi per esclusione e non sulla base di prove certe. Ma ipotizza che la morte sia avvenuta il giorno stesso della scomparsa, poiché non ci sono elementi a supporto del fatto che Liliana fosse in vita dopo il 14 dicembre e nemmeno spiegazioni su dove possa essere stata per tre settimane.

Proprio sulla base di queste discordanze, il giudice per le indagini preliminari ha disposto ulteriori approfondimenti per accertare le cause e l'epoca della morte. Rigettando la richiesta di archiviazione presentata dal pubblico ministero, ha disposto una nuova consulenza medico legale, previa riesumazione del cadavere, e nuove attività di investigazione. Tuttavia, anche il successivo lavoro di verifica rischia di non essere in grado di portare alla luce una verità valida oltre ogni ragionevole dubbio.

A oggi, nessun nome è mai stato iscritto nel registro degli indagati.

Questa lettura non fornirà la soluzione al caso. Solo spunti di riflessione. Metterò in rilievo i fatti emersi durante tre anni di indagini. Luoghi, percorsi, orari. Oggetti scomparsi e altri rinvenuti in posti sbagliati. Atteggiamenti e testimonianze di chi conosceva Liliana, di chi ha avuto un ruolo nella sua vita, e dopo la sua morte. Contraddizioni, cambi di versione. Coincidenze strane. Tutti quei dettagli attraverso cui vi ho abituato a seguire la narrazione. I puntini che, se collegati in un ragionamento, possono mostrare un disegno, una bozza. In questa storia forse solo uno schizzo. Che mi auguro sia comunque utile per sollevare interrogativi e offrire una prospettiva che aiuti a vedere al di là delle apparenze.

Le ultime immagini di Liliana sono di martedì 14 dicembre 2021. Fa freddo, indossa un piumino grigio. Il volto è coperto dalla mascherina e le dita stringono dei sacchi di immondizia, uno nella mano destra e due nella sinistra. Non porta i guanti. La prima telecamera che la riprende, a poche centinaia di metri da casa, segna le 8.41 di mattina, con un ritardo di cinque minuti rispetto all'ora effettiva. È l'occhio elettronico che sorveglia l'ingresso della scuola Allievi Agenti della Polizia di Stato, in via Damiano Chiesa a Trieste. Poco dopo, una seconda telecamera della caserma Vincenzo Raiola immortala il suo incedere deciso sul marciapiede. Una terza la inquadra circa un minuto più tardi, mentre si dirige verso l'isola ecologica, dove getta la spazzatura in tre cassonetti diversi, con grande attenzione alla raccolta differenziata.

Percorre via San Cilino. Secondo la procura è lei la figura che sbuca in piazzale Gioberti alle 8.50, ripresa dalla telecamera di un autobus. Dopo avere attraversato le strisce pedonali, scompare. Le sue tracce si perdono per ventidue giorni, finché viene trovata senza vita nel parco di San Giovanni, nel comprensorio dell'ex ospedale psichiatrico provinciale di Trieste.

I filmati delle telecamere permettono di identificarla, niente di più. Da quelle immagini non si scorge il ciuffo di capelli chiari sulla fronte. Nemmeno se al polso abbia un orologio rosa e se all'anulare porti la fede. La borsetta scura si intravede appena, ma non l'interno: contiene il portafoglio con i documenti, oppure una bottiglietta d'acqua e un cordino? Purtroppo, quelle immagini non mostrano le sue intenzioni. È impossibile dire se stia andando al negozio di telefonia dove aveva detto di doversi recare, oppure se nella sua testa ci sia il desiderio di allontanarsi da tutto e da tutti. E di farla finita.

Il ciuffo bianco, l'orologio rosa, la fede nuziale, il cordino, l'assenza di guanti sono alcuni dei dettagli centrali di questa vicenda. Ce ne sono altri: una ceretta alle gambe, un integratore multivitaminico. Una pescheria e una GoPro. Il possibile congelamento di un cadavere. Delle lancette ferme alle 9.17. Una denuncia per allontanamento volontario. La formula «per esclusione». Delle formiche. La presenza eccessiva di due uomini, che da subito si sono accaparrati i ruoli di protagonisti della storia, alcune volte a scapito di Liliana stessa.

Liliana Resinovich era nata a Trieste il 26 aprile 1958. Aveva sessantatré anni quando è morta.

Occhi chiari, fisico asciutto da sportiva ed ex maratoneta. Viso stretto e allungato, espressione a tratti malinconica. Un ciuffo di capelli biondi portato con soddisfazione sulla chioma più scura.

E un soprannome: Lilly, con cui la chiamavano gli amici.

Dal 2005 era sposata con Sebastiano Visintin, conosciuto nel 1989 durante una mostra d'arte, quando lui era ancora sposato con la donna da cui ha avuto due figli. Vivevano insieme a Trieste, al primo piano di un piccolo condominio in via Andrea Verrocchio. Entrambi pensionati, con la passione per i viaggi, gli sport all'aria aperta e la fotografia. Lui, con un passato da fotoreporter di cronaca nera, arrotondava affilando coltelli per negozi e pescherie. Lei aveva lavorato presso la direzione centrale delle Attività Produttive della Regione Friuli-Venezia Giulia, e con la sua pensione si accollava la maggior parte delle spese domestiche.

Sono tantissime le foto e i video che la ritraggono. Soprattutto tra i fiori: in mezzo a un campo di tulipani, dentro un roseto, davanti a un ciliegio pronto a sbocciare, mentre stringe un bouquet al petto, nell'istante in cui si avvicina a un ramo per coglierne il profumo. Ma anche avvolta nell'accappatoio e circondata dalla neve dopo una sauna, nell'acqua di un mare turchese, fra vasi di spezie. Seduta su una panchina rossa, su un muretto. Appoggiata a un Ape 50, a un murale, alla balaustra di un ponte. In certi scatti la si vede brindare, in altri assaggiare cibi gustosi. Alcune volte ha la macchina fotografica in mano o appesa al collo. Spesso è sulla bicicletta con cui ha girato l'Italia e visitato molte destinazioni europee. Quando non è inquadrata da sola, abbraccia il marito.

Due sono i particolari che emergono da quelle immagini: è sempre curata nell'aspetto e sorride poco.

Le foto raccontano di una donna che ama la vita. A cui piacciono i colori, i cappelli e gli accessori alla moda. Una donna forse timida, di sicuro riservata. Gentile, mite, abitudinaria. Descritta da tutti come generosa, piena di premure e attenzioni nei confronti degli altri. Ma che nessuno conosceva fino in fondo. Sono state le indagini a portare a galla i suoi segreti. Uno su tutti: la relazione con un altro uomo. Claudio Sterpin.

Claudio Sterpin è la prima persona a preoccuparsi per la scomparsa di Lilly.

Nel pomeriggio di martedì 14 dicembre il telefono di Salvatore squilla. Salvatore vive con Gabriella e abitano nella stessa palazzina di Liliana e Sebastiano. Anche loro sono pensionati. Lui è un ex sottufficiale dei carabinieri, lei ha lavorato come impiegata civile nella questura di Trieste. Sul display appare un numero non salvato tra i contatti. Salvatore risponde, all'altro capo della linea c'è Claudio Sterpin. Salvatore e Claudio si conoscono appena, ma Claudio sa che lui è amico di Liliana e gli chiede un incontro: ha una cosa tanto urgente quanto importante da raccontargli. Salvatore lo raggiunge e Claudio gli confida di essere in pensiero perché Liliana avrebbe dovuto recarsi a casa sua verso le dieci, ma non si è presentata. Non l'ha avvisato e non risponde al telefono. Claudio confessa di avere una relazione con lei da qualche mese. Si spinge oltre: rivela che stanno organizzando un viaggio per trascorrere il weekend insieme, motivo per cui Liliana in quelle ore avrebbe dovuto spiegare al marito la propria intenzione di lasciarlo per trasferirsi da lui.

Una volta rincasato, Salvatore si confronta con Gabriella e decidono di verificare quanto appreso. Alle 17.37 Gabriella scrive un messaggio a Liliana, con la scusa di un regalo da consegnarle. Una manciata di minuti più tardi, Sebastiano Visintin la chiama per informarla che la moglie non è tornata e la invita ad andare da lui. A quel punto, Gabriella e Salvatore scendono le scale ed entrano nel suo appartamento, con l'attenzione e il sospetto di chi ha appena scoperto un segreto e teme che quel segreto possa c'entrare qualcosa con l'assenza di Lilly.

Sebastiano mostra loro i due cellulari della moglie, dice di averli trovati in casa, sicuro che li abbia dimenticati. Uno è quello che usa per telefonare e chattare, l'altro le serve soprattutto per navigare in internet. Gabriella gli chiede di poter controllare le ultime attività e vede il proprio messaggio, preceduto da quello di Sergio, il fratello di Liliana. Ma sono presenti anche delle telefonate, il numero è sempre lo stesso e non è tra i contatti memorizzati. Salvatore lo riconosce. Le fa un cenno, per confermarle che si tratta di Claudio Sterpin. Gabriella suggerisce a Sebastiano di chiamare quel numero, ma lui si rifiuta. Sembra non gli interessi sapere chi stia cercando Liliana con insistenza. Non si fa venire il dubbio che possa essere qualcuno in grado di fornire informazioni, nemmeno che possa essere lei stessa a far squillare il proprio numero perché è quello che ricorda meglio.

È tardi, Lilly non si trova, non ha con sé i cellulari... eppure, agli occhi dei vicini di casa, Sebastiano pare restio a contattare l'ospedale e ad attivarsi con le ricerche, nonostante non sia mai successo che lei non rientrasse per cena senza avvertire.

Mentre Sebastiano continua a ripetere di volere aspettare, Gabriella decide di prendere in mano la situazione: si rivolge alla squadra volante, comunica l'accaduto e chiede la procedura da seguire per segnalare che Liliana non è rincasata. Telefona all'ospedale e convince Sebastiano ad aprire gli armadi per cercare un eventuale biglietto di addio o di spiegazioni. I vari tentativi non producono riscontri, così intorno alle ventidue Gabriella e Salvatore accompagnano Sebastiano in questura a Trieste per denunciare la scomparsa della moglie.

Sebastiano Visintin e Claudio Sterpin.

Il marito e "l'amico speciale".

Più di settant'anni il primo, più di ottanta il secondo.

Uno amante della mountain bike, l'altro ex podista, maratoneta e marciatore, soprannominato «l'etiope di Trieste» ma anche «un Ulisse di nome Sterpin», per i traguardi raggiunti nelle competizioni atletiche. Sessant'anni di agonismo in cui si è distinto in Italia e in Europa, dalla Torino-Saint Vincent nel 1969 al primato mondiale nella 4x100 km del 1975, dalla Parigi-Colmar al record italiano con 216,621 chilometri percorsi in ventiquattro ore nel 1986. Un grande impegno nello sport che gli ha permesso di conseguire l'onorificenza di Commendatore al merito della Repubblica Italiana.

Nelle fotografie, Sebastiano è spesso accanto a Lilly: sorriso irriducibile, barba e baffi bianchi, abbigliamento appariscente e cappelli di forme e colori sempre differenti. Claudio compare insieme a lei solo in un'immagine, indossa il copricapo da bersagliere. Una foto scattata dallo stesso Sebastiano il 3 novembre 2019 durante una manifestazione, e custodita con cura da Liliana.

Due personalità molto diverse, accomunate da una sola cosa: l'amore per la stessa donna.

Liliana e Sebastiano si conoscevano da più di trent'anni. Liliana e Claudio da molto prima: si erano incontrati il 25 ottobre 1981, quando lei aveva poco più di vent'anni e lui guidava l'autobus su cui era solita salire. Il 19 dicembre il primo appuntamento. Una frequentazione «a intervalli», la definisce Claudio. «All'inizio la consideravo un'allieva, poi un'allieva speciale. La scintilla è scattata un paio di mesi dopo la prima volta. Negli anni ce sono state tante di scintille... nel corso del tempo ci siamo visti e rivisti.»

Sebbene la vita li avesse condotti su strade differenti, non si erano mai allontanati. Fino a ritrovarsi al cimitero in un giorno tra fine agosto e inizio settembre del 2021: lui aveva perso la moglie l'anno precedente, lei era andata a portare i fiori sulla tomba della madre. Scambiando qualche parola, lui le aveva confessato di sentirsi solo e di essere in difficoltà con le faccende domestiche. Lei si era offerta di dargli una mano. Da quel momento avevano cominciato a rifrequentarsi: si vedevano tutti i martedì, quando lei andava a stirargli le camicie.

Claudio rivela che la nuova scintilla era esplosa il 25 ottobre di quello stesso anno, nell'istante in cui Lilliana gli aveva rammentato che erano passati quarant'anni dal loro primo incontro. «È sempre stata innamorata di me, l'ho scoperto tardi.» Per celebrare quell'anniversario, l'11 dicembre lui aveva acquistato e fatto incidere una medaglietta d'oro, che avrebbe voluto regalarle proprio il 19 dicembre, durante il weekend che avevano in programma di trascorrere insieme. Perché quella è «una data da ricordare».

Sebastiano e Claudio.

Due nomi che stonano l'uno di fianco all'altro.

Due uomini che sembra abbiano conosciuto due Liliane diverse. Come diversi sono i racconti che fanno di lei, dei suoi pensieri, delle sue intenzioni. E del comportamento che ha avuto il giorno della scomparsa.

In questa storia la voce di Liliana non c'è.

La voce delle vittime manca sempre, ma stavolta quella di Lilly sarebbe davvero importante. Non solo per sapere cosa le sia successo, ma per capire come percepisse gli uomini che aveva di fronte e ciò che provava per loro. Cosa le faceva battere il cuore e cosa la turbava. Se avesse rimpianti, speranze. Progetti. E quale fosse l'orizzonte verso cui era diretta. Perché la risposta è lì: nelle sue riflessioni più intime.

Era pronta a lasciare Sebastiano per abbracciare un nuovo inizio con Claudio? O si sentiva talmente oppressa dalle pretese del marito e dell'amico speciale, da cadere in una spirale di pensieri negativi per l'incapacità di scegliere uno di loro? Sognava un cambio di vita? O si è sentita spinta e imprigionata nel collo di un imbuto emotivo, tanto da non vedere una via di uscita e decidere di mettere fine a tutto?

La sua voce manca.

Invece rimbombano forti le voci contrastanti dei **DUE UOMINI CHE DA SUBITO SI SONO ACCAPARRATI I RUOLI DI PROTAGONISTI DELLA STORIA**, e che troppo spesso hanno costretto lei in secondo piano.

Sebastiano descrive la loro relazione come un amore felice, idilliaco. «Un rapporto matrimoniale splendido e privo di ombre.»

Claudio sostiene che il matrimonio tra Liliana e Sebastiano fosse finito da almeno cinque anni. «Le avevo proposto di trasferirsi da me... era tranquillissima nel dire le sue intenzioni, nell'accettare l'idea.» All'inizio lei lo aiutava in casa, poi il loro rapporto si era trasformato in qualcosa di più. «Io mi sono ritenuto amante di Lilly da ottobre in poi.»

Ma questo è solo l'esordio.

Nel corso degli anni marito e amico speciale hanno continuato a smentirsi l'un l'altro e a incolparsi a vicenda.

Secondo Claudio è Sebastiano «il regista» della scomparsa di Liliana. Sebastiano attribuisce la colpa della sua morte alle pressioni psicologiche che Claudio avrebbe esercitato su di lei, culminate durante la loro ultima telefonata, di cui solo Claudio conosce il contenuto.

Due versioni incompatibili, addirittura opposte. Che differiscono in ogni particolare e frangente. A partire dalla narrazione di quel 14 dicembre. Quando tutto ha inizio e fine allo stesso tempo. Quando di Liliana si perdono le tracce. Quando la sua scomparsa si trasforma in un mistero mai risolto.

La narrazione di Sebastiano relativa a quanto accaduto il 14 dicembre 2021 cambia molte volte. Sia nei contesti istituzionali, sia di fronte a giornalisti, familiari e conoscenti.

Solo su due cose si è sempre dimostrato fermo: la determinazione nel sostenere che il rapporto con Liliana fosse perfetto e la ricostruzione delle prime ore di quella giornata. Un martedì che comincia all'insegna della serenità, dopo una domenica trascorsa a Grado e un lunedì diviso fra le terme in Slovenia e una cena a casa di amici.

Il resoconto che fornisce alle forze dell'ordine e ai media è pressoché lo stesso: Liliana si sveglia intorno alle sei, mette i panni nella lavatrice, li stende e prepara la colazione. Lui si alza più tardi. Mangiano qualcosa insieme, poi lui esce prima delle otto per andare a consegnare i coltelli alle pescherie. La informa che starà fuori a lungo, perché vorrebbe fare un giro in bicicletta sull'altopiano del Carso. Lei è ancora in pigiama quando lo saluta dalla finestra, agitando due peluche.

È l'ultima volta che la vede.

Ai giornalisti dichiara che al rientro non la trova. Ma non si sorprende della sua assenza, sebbene sia già buio e non l'abbia ancora sentita. Non si impensierisce nemmeno per il fatto che abbia dimenticato a casa entrambi i cellulari.

Diverso è il quadro tratteggiato in questura quella stessa sera: «Tuttavia, intorno alle sedici, non avendo alcuna notizia da parte sua, cominciavo a preoccuparmi seriamente. Per questo motivo decidevo di telefonare al fratello di mia moglie per sapere se avesse sue notizie».

Eppure, Sergio sostiene di essere stato lui a chiamare la sorella molto più tardi di quell'ora, dato che non aveva ricevuto risposta al WhatsApp che le aveva inviato alle 9.20 di mattina e neanche a quello del pomeriggio. Non capitava mai che lei non si facesse sentire, nemmeno che non visualizzasse i messaggi. Alla telefonata di Sergio sul cellulare di Liliana risponde Sebastiano, proprio mentre Gabriella e Salvatore si trovano in casa con lui.

Anche sulla presenza e sul ruolo dei vicini emergono da subito delle contraddizioni. A differenza di quanto affermato da Gabriella e Salvatore, Sebastiano si attribuisce un ruolo attivo: è stato lui a chiedere il loro aiuto, a volere contattare gli ospedali e a decidere di recarsi in questura, poiché la mancanza della moglie lo agitava tanto da gettarlo «sotto shock».

Ma tempo dopo, in procura rende una versione ancora diversa. I PM gli domandano quando abbia capito di preciso che Liliana fosse scomparsa.

«Nel momento in cui Gabriella ha insistito tantissimo di andare a fare una segnalazione in questura, e allora a questo punto ho detto sì, va bene, andiamo a farla. Se no io, altrimenti, difficilmente sarei venuto quel giorno.»

«Quindi, se Gabriella non insisteva, lei non andava in questura quella sera...»

«Molto probabilmente no.»

«Cioè, in sostanza lei non era preoccupato per sua moglie?»

«No.»

«Cioè, lei non aveva mai dimenticato il telefono prima, non era mai tornata a casa così tardi... c'è il telefono, non c'è lei... e lei comunque non ritiene di sentirsi preoccupato. È curiosa come conseguenza.»

«Non lo so...» replica Sebastiano. E poi aggiunge: «Non mi sono mai allarmato, perché devo allarmarmi?»

«Perché scopre che il telefonino è a casa, per esempio.»

«Eh, questo l'ho scoperto dopo.»

«Quindi lei si è accorto più tardi che il telefonino era a casa.»

«Io penso verso le cinque e mezza, cinque e quaranta, così... quando è arrivato questo messaggio sul telefono di Liliana.»

Dunque, Sebastiano era preoccupato oppure no?

Di sicuro, la sera del 14 dicembre lascia la questura dopo avere sporto denuncia di scomparsa per allontanamento volontario. Non ha espresso il timore che Liliana potesse trovarsi in una situazione di pericolo per la vita o per l'incolumità personale, nemmeno che qualcuno potesse averla sequestrata con intenzioni malevole. E questo è un dettaglio importante. Il fatto che la sparizione di Liliana sia stata classificata come **ALLONTANAMENTO VOLONTARIO** non ha portato all'immediata apertura di un fascicolo con la configurazione di un'ipotesi di reato, rallentando così le indagini. Si è perso del tempo prezioso e si sono commessi degli errori. All'inizio, perché le ricerche sono partite tardi e sono state indirizzate a rintracciare una donna che si era assentata per scelta e che avrebbe potuto tornare da un momento all'altro. Successivamente, perché durante il rinvenimento del cadavere si è dato per scontato che Liliana si fosse suicidata.

Chi invece si è mostrato preoccupato da subito è Claudio. Quella mattina le manda un messaggio di buongiorno alle 8.12. Lei lo chiama alle 8.22: una telefonata che dura un minuto e cinquanta secondi. L'ultima telefonata di Lilly.

Il racconto di Claudio relativamente a quelle ore è molto accurato. Nel corso della chiamata, Liliana lo informa che lo raggiungerà verso le dieci: prima deve andare in un negozio di telefonia, che apre alle nove. A Claudio sembra tranquilla.

«Ha parlato quasi sempre lei. Voleva passare dal negozio Wind, voleva essere tra i primi clienti. Quindi sarebbe arrivata una mezz'ora dopo al nostro appuntamento abituale.»

Alle dieci Liliana non si è ancora vista e Claudio comincia ad agitarsi: lei non è mai in ritardo. Aspetta fino alle 10.53, prima di inviarle un messaggio: «Cambe'?»

È scritto con il codice che usano per comunicare: le iniziali delle parole. «Cam» significa «Ciao Amore Mio». A cui ha aggiunto il «be'» con il punto interrogativo, nel senso di «allora?», per chiederle come mai non si sia ancora fatta viva. Non riceve risposta e il messaggio non viene visualizzato. Decide di telefonarle, invano. Alle 11.24 le scrive di nuovo: «...Sperosempreun segnal...». E mezz'ora più tardi la richiama.

Sempre più in ansia, si mette alla guida per andare a cercarla al negozio di telefonia, dove nessuno ha notato una donna che corrisponda alla descrizione di Liliana.

Sono quasi le tre del pomeriggio quando le telefona ancora. Risponde Sebastiano. Claudio si stupisce e non fa sentire la propria voce. È a quel punto che pensa di rivolgersi a Salvatore.

Alle nove del giorno successivo, si presenta negli uffici della questura di Trieste. Racconta tutto: la conoscenza di lunga data con Liliana, l'incontro avvenuto tre mesi prima, la nascita di una relazione segreta. Rivela il contenuto dei loro discorsi più confidenziali, il desiderio di iniziare una nuova vita insieme. Spiega che stavano organizzando un weekend in Istria e che Liliana era pronta a comunicare al marito le proprie intenzioni. Si sarebbe trasferita da lui dopo quel viaggio e, per non mollare Sebastiano «in braghe di tela», si stava preoccupando di trovargli un appartamento più piccolo, per il quale era disposta a pagargli l'affitto.

A prova di quanto dichiarato, Claudio mette il proprio cellulare a disposizione degli agenti della squadra mobile, affinché possano verificare le conversazioni, le chat e tutti i contatti intercorsi tra lui e Liliana.

È convinto che a Lilly sia successo qualcosa di brutto e teme che sia successo in seguito alla decisione di lasciare il marito. Sa che lei non sarebbe mai uscita di casa senza il cellulare e che comunque avrebbe trovato il modo di farsi sentire. Se non l'ha fatto, è perché qualcuno glielo ha impedito. Ed esclude con fermezza il gesto autolesionistico.

Il giorno dopo i carabinieri vanno da Sebastiano ma non effettuano alcuna perquisizione dell'appartamento e non sequestrano nulla, non acquisiscono nemmeno i cellulari di Liliana, che continuano a rimanere nelle mani di lui fino al 23 dicembre.

Dal momento in cui Claudio esce allo scoperto, tra i due uomini inizia un conflitto pesante. Che prosegue tutt'ora.

Sebastiano urla a gran voce di non credere alle parole di Claudio. Lo accusa di essersi inventato tutto, di avere frainteso le intenzioni di Liliana, che andava da lui solo per «pena», per dargli una mano con le camicie da stirare. Nega l'esistenza di una relazione tra i due, anche quando gli viene reso noto che sono più di millecento le chiamate e i messaggi tra Liliana e Claudio certificati dalla perizia informatica.

Fra il detto e il non detto, Sebastiano insinua che Liliana possa essersi tolta la vita perché esasperata da Claudio, perché si sentiva «braccata» da lui e «spaventata da questa storia d'amore che non esiste». Colpevolizza Claudio di avere fatto pressioni psicologiche su di lei, talmente forti da privarla della serenità. E si dice certo che sia stata proprio la telefonata delle 8.22 a spingere Liliana su una strada senza ritorno. Questo è il motivo per cui insiste nel chiedere pubblicamente a Claudio di raccontare cosa le abbia detto di tanto scioccante in quel minuto e cinquanta secondi che ha preceduto la sua scomparsa.

Di fronte alle telecamere non vuole usare il termine "istigazione al suicidio" ma ci tiene a fare conoscere le proprie congetture: «Ma, diciamo che Liliana e Sterpin hanno avuto uno scontro secondo me, su quelle che potrebbero essere le idee di Sterpin, evidentemente Liliana non era d'accordo con lui».

A questo punto, alcuni dubbi sorgono spontanei: se Sebastiano non sapeva della relazione tra Liliana e Claudio, perché ha bloccato il numero di Claudio sul cellulare di lei, proprio mentre si stava recando in questura?

Sebastiano si giustifica spiegando che pensava si trattasse del numero telefonico di cui gli aveva parlato Liliana, uno stalker misterioso che la importunava, ansimando all'altro capo della linea. Ma allora perché non segnalarlo immediatamente in questura? Avrebbe potuto c'entrare qualcosa con la sua sparizione, avrebbe potuto essere la persona che l'aveva sequestrata o quella da cui lei fuggiva. Se ci fosse stato davvero qualcuno che la perseguitava, è logico ritenere che Sebastiano avrebbe dovuto sentire l'urgenza e la necessità di comunicarlo alle forze dell'ordine. E sarebbe stato il presupposto per non ipotizzare un allontanamento volontario, bensì una situazione di pericolo con relativo intervento sollecito.

Invece, Sebastiano blocca il numero alle 21.43. L'ultima telefonata di Claudio era delle 14.56 e sul cellulare di Liliana non è mai stato riscontrato alcun numero sospetto.

A differenza di Sebastiano, i familiari e le altre persone vicine a Liliana credono a Claudio. Sia perché è stato il primo ad allarmarsi e a cercarla, sia perché ha contattato ognuno di loro, dimostrando di conoscere molte cose che solo lei avrebbe potuto raccontargli, a prova dell'affetto e della fiducia che li legava.

Nello stesso tempo, si interrogano su alcuni discorsi fatti da Sebastiano e su alcuni suoi comportamenti.

Il 18 dicembre, quattro giorni dopo la scomparsa di Liliana, Sergio è a casa di Sebastiano e insieme danno un'occhiata ad armadi e cassetti. Nell'armadio della camera matrimoniale spicca una borsa chiara posizionata dritta sul ripiano, davanti a quelle stese orizzontalmente e impilate l'una sull'altra. Sergio la fotografa e mostra lo scatto a Gabriella, che è sicura che quella borsetta non fosse lì la sera del 14 dicembre, quando lei si era fatta aprire le ante proprio da Sebastiano. La borsa contiene il portafoglio di Liliana con documenti, carta di credito e soldi contanti, gli occhiali, un pacchetto di caramelle e altri oggetti personali. Mancano le chiavi di casa con il portachiavi a forma di «L», che non verranno mai ritrovate.

In questura Sebastiano aveva dichiarato: «Non posso riferire che indumenti indossasse poiché quando l'ho salutata stamattina, come detto, era ancora in pigiama. Tuttavia, posso asserire con certezza che non ha portato via nessun indumento né i soldi che teniamo in un posto specifico all'interno dell'appartamento, ma ha portato via la sua borsetta».

Il corpo di Liliana verrà rinvenuto con una borsetta nera a tracolla.

I familiari si domandano come Sebastiano facesse a sapere che Liliana era uscita con la borsetta, considerando che l'aveva salutata mentre lei era ancora in pigiama, e che i cellulari e la borsa con portafoglio e documenti erano rimasti a casa.

Sempre in quei giorni, Laura e Pino, amici di lunga data di Liliana e Sebastiano, ricevono la visita di Sebastiano, che consegna loro la macchina fotografica di Lilly e un cuore rosso di pietra. Sorpresa del fatto che lui regali gli oggetti della moglie senza sapere ancora cosa le sia successo, Laura chiede spiegazioni. Sebastiano risponde che Liliana non tornerà, perché si è suicidata. Qualche giorno più tardi li pregherà di custodire anche degli hard disk pieni di fotografie e video, che loro trasmetteranno prontamente agli inquirenti.

Sebastiano motiva quel gesto come l'atteggiamento di un uomo confuso che ha perso la moglie.

Silvia, la cugina di Liliana, solleva forti perplessità sul fatto che il matrimonio con Sebastiano fosse idilliaco e felice. Sa che nell'ultimo periodo lei si era stancata di seguirlo nei suoi giri in bicicletta, ma anche di farsi fotografare e riprendere per poi vedere foto e video pubblicati sui social. E ricorda che Sebastiano non gradiva che si incontrasse da sola con le cugine, forse per timore che potesse lamentarsi di lui.

Anche Jasmina, l'albergatrice che ha conosciuto Sebastiano e Liliana nel 2017, si è fatta l'idea che la loro relazione fosse giunta al capolinea. Seppure molto in ritardo, si mette in contatto con Sergio per raccontargli di avere assistito a una brutta lite tra i due, una situazione di sconforto che aveva spinto Liliana a chiederle il favore di assegnare loro una stanza con letti separati, ogni qual volta Sebastiano avesse prenotato in futuro. Ma la parte rilevante della sua testimonianza, raccolta dai legali di Sergio e depositata in procura per approfondimenti, riguarda la telefonata intercorsa tra lei e Sebastiano a meno di una settimana dalla sparizione di Liliana. Lei lo avrebbe spronato a cercare la moglie, a non rimanere con le mani in mano. Innervosito dalla sua ingerenza, lui avrebbe replicato: «È stato un incidente». Per poi correggere il tiro, dando la colpa al momento di tensione: «Ma cosa sto dicendo, sono fuori di testa e non so più quello che dico... Non volevo dire questo».

Quindi, pare che Sebastiano abbia parlato di «suicidio» e di «incidente» nei giorni appena successivi alla scomparsa di Lilly, prima che il suo cadavere venisse trovato e prima che lui scoprisse la relazione con Claudio. Allora perché pensava che la moglie si fosse suicidata, se il loro rapporto era «splendido e privo di ombre»?

E cosa gli è passato per la mente, quando ha accennato all'incidente? Qual è il significato che lui attribuisce a questo termine che, di regola, richiederebbe venissero allertati i soccorsi?

«Eh, chi la riconosce?»

«Comunque non ha nessun odore, qui... come cacchio è?»

«È lei?»

«Eh... boh... non...»

«Non è che si veda molto, che si capisca molto qua...»

È il 5 gennaio 2022. A dialogare sono gli operatori che si danno da fare attorno al sacco salma, nel quale è stata infilata Liliana dopo ventidue giorni dalla scomparsa. Uno di loro riprende tutto in un video. Gli altri maneggiano il corpo. È buio e si muovono a fatica in mezzo alla vegetazione fitta e impervia del boschetto dell'ex ospedale psichiatrico di Trieste, dove è appena stato trovato il cadavere. Non hanno ancora la certezza che si tratti di lei, ma sono determinati a scoprirlo subito. Un'urgenza che forse li porta a prestare troppa poca attenzione ai protocolli e alla conservazione della scena.

Il protocollo operativo prevede che il cadavere venga trasportato immediatamente all'istituto di medicina legale, nelle condizioni in cui è stato rinvenuto. Invece loro lo spostano, lo sollevano, lo girano. Violano il suo stato originario e quello degli oggetti che lo accompagnano.

Non indossano tute protettive, né calzari né cuffiette per contenere i capelli. Solo guanti e mascherine, a tratti abbassate sotto il naso.

Sul posto ci sono squadra mobile, squadra volante, Polizia Scientifica, il medico legale e il sostituto procuratore Maddalena Chergia, che coordina le operazioni. Ai vigili del fuoco è affidato il compito di illuminare l'area.

Dalle parole che vengono registrate, si evincono tre dettagli di grande interesse. Innanzitutto, per avere un riscontro sull'identità, gli operatori si adoperano per verificare la presenza del **CIUFFO BIANCO** di capelli.

Rannicchiato in posizione fetale o "simil dormiente" sul lato sinistro, il cadavere è infilato in due sacchi neri, integri e puliti: uno copre dal capo al torace, l'altro gli arti inferiori. È scoperta solo la parte tra la vita e il terzo superiore delle cosce, da cui si intravedono gli abiti, indossati regolarmente e bagnati dove esposti. I sacchi non sono legati né tra loro né al corpo.

Sotto il sacco nero, la testa è infilata a sua volta in due altri sacchetti, più piccoli e più sottili, simili a quelli utilizzati per la verdura. I sacchetti sono chiusi al collo con un cordino non stretto.

«Io non lo vedo, però, il ciuffo bianco» afferma uno degli operatori, tentando di aprire i sacchetti e di guardarci attraverso.

Per agevolarlo, il collega taglia il cordino: «Tanto ormai abbiamo fatto trenta...»

E in quel momento libera i liquidi di Liliana che si sono formati sotto la plastica, disperdendoli e contaminando il cordino stesso.

Poi, la testa viene girata da una parte all'altra più volte, vincendo e compromettendo la rigidità cadaverica con l'azione meccanica.

Il secondo dettaglio è importante perché potrebbe alimentare un sospetto. Oltre al ciuffo bianco, per riconoscere Liliana, gli operatori cercano un accessorio: un **OROLOGIO ROSA**.

«L'orologio anche qua...»

«L'orologio.»

«L'orologio rosa.»

«L'orologio.»

«L'orologio comunque è rosa...»

Come fanno a sapere che Lilly ha lasciato la propria abitazione con un orologio rosa al polso? Sebastiano aveva dichiarato di averla salutata quando era ancora in pigiama, quindi di ignorare cosa indossasse. Ma chi altro, se non Sebastiano, avrebbe potuto riferire dell'orologio rosa? Lo ha ipotizzato? Ma sulla base di quali elementi, visto che la sera prima della scomparsa, durante la cena a casa di amici, Liliana portava un orologio di metallo?

Il dialogo tra gli operatori prosegue.

«Questo è il cordino che c'era?»

«Ma un ciuffo c'è.»

«C'è un ciuffettino?»

«Mah, sì.»

«Anelli non c'ha niente...»

«L'orologio color, color rosa.»

«C'è sempre il ciuffetto là.»

«Questo è il ciuffetto.»

«Sì, credo anche io.»

«Apparentemente... sembra quello.»

«...mento spigoloso...»

«Però niente odore, vero?»

«No, no, non si sente niente.»

«Ma come mai?»

«Mi hanno detto che a Gabrovizza si è buttata giù una persona.»

Una seconda voce maschile conferma: «Si è lanciata un'altra».

«Anche?»

Quest'ultimo scambio di battute rappresenta il terzo particolare degno di nota: il personale sul posto è convinto che Liliana si sia suicidata. Come la donna di Gabrovizza.

In quegli istanti concitati, sembra che la procura e le forze dell'ordine si siano già fatte un'idea precisa della dinamica, forse condizionate proprio dalla denuncia di scomparsa. Secondo loro, Liliana si è allontanata volontariamente per compiere un gesto autolesionistico. Un preconcetto che ha influenzato la prima parte delle indagini e favorito la superficialità con cui sono state condotte le operazioni durante il rinvenimento del corpo.

Tra le varie "leggerezze", una si è rivelata di una gravità irrimediabile: non è stata misurata la temperatura cadaverica, fondamentale per determinare l'epoca della morte. Quando un corpo viene raccolto da un ambiente esterno, è sempre necessario verificarne la temperatura, per poi compararla con quella rilevata successivamente in laboratorio, al fine di calcolare se sia rimasta stabile o se sia diminuita, e stimare il tempo di permanenza del corpo nel luogo in cui è stato trovato.

In sintesi, non tutti gli interventi effettuati sul cadavere di Liliana al momento del rinvenimento hanno rispettato la metodologia e le procedure richieste, causando la perdita definitiva di informazioni essenziali.

Per svolgere gli accertamenti sul cadavere, il 7 gennaio 2022 la procura di Trieste nomina due consulenti tecnici: Fulvio Costantinides, ricercatore e professore presso l'U.C.O. di Medicina Legale, e Fabio Cavalli, medico radiologo.

Il corpo di Lilly arriva sul tavolo della TAC solo l'8 gennaio, dopo essere stato conservato in una cella dell'obitorio alla temperatura di dodici gradi. È ancora chiuso nel sacco salma insieme ai sacchi neri e ai sacchetti più piccoli nei quali è stato rinvenuto nel boschetto. Il sacco salma non viene aperto ma inserito in un secondo sacco salma, stretto con del nastro adesivo e con l'indicazione scritta a pennarello di dove sia posizionata la testa.

Si decide di dare la priorità di elaborazione alle scansioni ad alta definizione del cranio, per ottenere il "calco virtuale", necessario al riconoscimento.

Partendo dal presupposto che ogni volto è unico e offre connotati ideali per l'identificazione di un soggetto, la TAC *post mortem* consente di ricavare un'immagine tridimensionale del cranio, da sovrapporre digitalmente a una serie di fotografie *ante mortem*, al fine di esaminarne la corrispondenza morfologica.

Grazie alla tecnica dell'identificazione personale forense mediante la sovrapposizione cranio-facciale è infatti possibile attribuire un'identità al cadavere in modo rapido, prima della conferma genetica, che di solito richiede tempi più lunghi.

Nel caso di Liliana vengono usate fotografie recenti, scattate in varie pose. E in tutte le sovrapposizioni tra calco digitale e immagini si nota una congruenza significativa, addirittura perfetta nella morfologia della dentatura anteriore.

Sul referto si legge: «La sovrapposizione cranio-facciale ha portato al risultato di "identificazione estremamente probabile"». E la presenza di una vecchia frattura metatarsale del piede destro, segnalata anche dalla famiglia, «conferma tale risultato, ovvero che il cadavere appartenga a Resinovich Liliana».

Le altre immagini acquisite dalla TAC mostrano una donna che giace sul lato sinistro, con spalle e busto ruotati verso destra e ginocchia flesse di circa novanta gradi, completamente vestita e con le scarpe ai piedi. Al polso indossa l'orologio. Niente anelli, nemmeno la fede all'anulare sinistro. Nessun altro elemento metallico, a parte le cerniere degli indumenti.

Le braccia non sono contro il corpo ma «leggermente abdotte» e «le mani afferrano la cerniera del giubbotto».

Non sono presenti né lame né proiettili.

Su capo e collo non si rilevano lesioni ossee di tipo traumatico, non ci sono lesioni encefaliche. E l'osso ioide è integro. Viene però rilevata una «possibile antica frattura delle ossa nasali». Neanche su torace, addome e arti vengono riscontrati traumi. E l'area polmonare non palesa «segni macroscopici di soffocamento».

Infine, la TAC evidenzia una totale mancanza di gas putrefattivo nella sede epatica e nella vena porta, ossia nelle prime aree in cui compare il gas durante la decomposizione cadaverica. Un dato che collocherebbe l'epoca della morte entro le quarantotto ore dal ritrovamento.

Il documento di consulenza tecnica radiologico-forense riporta le seguenti conclusioni: «Per quanto è dato a vedere, non si rilevano segni che possano essere riferibili a violenza per mano altrui o comunque chiaramente riferibili ad un delitto». Sulla base dei «segni di degenerazione postmortale del cadavere, la morte è sopravvenuta non al più tardi di quarantotto ore dal ritrovamento della salma». E l'asfissia constatata dal quadro parenchimale polmonare «potrebbe anche essere compatibile con una "morte da sacchetto", ovvero da soffocamento lento per ipercapnia», causato da un accumulo progressivo di anidride carbonica nel sangue, dovuto proprio alla presenza di un «sacchetto di plastica in testa, non legato strettamente al collo, avvenuto nel luogo del ritrovamento del cadavere».

Il 10 gennaio alle 11.30 i sacchi salma vengono aperti.

Liliana indossa un giubbotto imbottito grigio e nero. Una felpa rosso scuro e dei pantaloni grigi. La biancheria intima è intatta: una canottiera, un reggiseno perfettamente allacciato e gli slip. Gli indumenti esterni sono puliti, senza strappi né segni di trascinamento. Ai piedi calza delle scarpe basse e allacciate, le suole non sono sporche nemmeno nella parte a contatto con il terreno: c'è solo una foglia incastrata nel carrarmato di sinistra, insieme a una minima quantità di altro materiale.

La borsetta nera, che aveva a tracolla durante il rinvenimento nel boschetto, contiene un paio di occhiali da sole dalla montatura colorata, una bottiglietta d'acqua di plastica trasparente priva di etichetta e con «apertura tipo Gatorade», e delle mascherine chirurgiche. Nella tasca interna ci sono tre chiavi legate tra loro con un cordino.

L'orologio analogico rosa è fermo alle 9.17.

I sacchi sono integri. Dentro si è formata dell'acqua. In quello che copre la parte inferiore viene trovata una foglia. Contro la coscia c'è un grumo di semi. Un'altra foglia verrà trovata in un secondo momento vicino all'orecchio sinistro.

La Polizia Scientifica recupera il cordino tagliato in sede di sopralluogo, per effettuare gli esami genetici.

A una prima analisi esterna, sul corpo non sono visibili lesioni, nemmeno «da difesa», né segni riconducibili a lacci o legature. Il viso non presenta imbrattamenti ematici, salvo nella narice destra. Tuttavia, fronte e ragione nasale hanno un colorito più cupo rispetto alla cute circostante e la palpebra superiore destra sembra tumefatta.

Stesso discorso per la lingua, che sporge dalle arcate dentarie e si mostra scura, sempre a destra.

Anche il dorso della mano destra ha un aspetto livido.

Sul lato sinistro del volto, quello che era appoggiato al suolo, lo sfaldamento epidermico è più accentuato e la pelle è umida, come sul palmo delle mani, dove si riscontra un inizio di macerazione. La cute della pianta dei piedi è addirittura «nerastra».

Due dettagli risulteranno fondamentali nelle considerazioni sull'epoca della morte: Liliana ha la pelle depilata. Significa che prima di perdere la vita ha fatto la ceretta alle gambe, alle ascelle, all'inguine.

E all'anulare della mano sinistra presenta un'area depressa, il segno lasciato da un anello appena tolto. La fede nuziale.

Il giorno successivo, l'11 gennaio, presso la sala anatomica dell'obitorio comunale di Trieste, il dottor Fulvio Costantinides procede all'autopsia.

Gli obiettivi sono: chiarire la causa del decesso, capire se si sia trattato di omicidio, di suicidio o di morte accidentale avvenuta in un altro luogo, con conseguente occultamento di cadavere da parte di terzi. Attribuire una data all'evento morte.

L'esame autoptico conferma l'assenza di fratture, di lacerazioni e contusioni: nessuna ferita da arma, nessun segno di violenza diretta, nessuna lesione da difesa.

Conferma anche l'assenza di solchi da legatura attorno al collo e in altre sedi, e l'assenza di segni compatibili con una chiusura degli orifizi del volto con del nastro adesivo o con le mani.

Vengono però rilevati traumi minimi ai tessuti molli del capo e un'infiltrazione emorragica sulla lingua. «Lesività modeste» che non possono rappresentare né una causa né una concausa di morte e che potrebbero essere accidentali. Sebbene non si possa escludere che siano state provocate da un altro soggetto.

La dissezione evidenzia la presenza di petecchie pleuriche polmonari e di sangue fluido, indicatori di morte per asfissia. I segni polmonari e viscerali riconducibili all'asfissia trovano riscontro anche nell'esame istologico, dal quale si evincono inoltre problemi cardiaci che, seppur lievi, potrebbero avere favorito il decesso.

L'esame tossicologico dà esito negativo. Liliana non ha assunto, e nemmeno le hanno somministrato, droghe o benzodiazepine. Nell'organismo non c'è traccia di sostanze esogene incapacitanti e inabilitanti in grado di alterare il suo stato psicofisico, tanto da renderla incosciente. Quindi, nessuno l'ha messa in condizioni di non reagire «chimicamente» a un'eventuale aggressione.

Sulla base di queste risultanze, viene comunicata una diagnosi di decesso per «scompenso cardiaco acuto».

Nella sua relazione, il medico legale premette che la morte per scompenso cardiaco acuto «è una mera diagnosi "di comodo", in assenza di grossolane evidenti lesioni traumatiche o patologiche naturali».

Di conseguenza, scarta l'ipotesi omicidiaria. Nessun delitto: «Considerati il luogo di rinvenimento, lo stato delle vesti», dei sacchi e l'assenza di segni di violenza, «allo stato della mera obiettività, non emerge a parere degli scriventi consulenti tecnici, alcunché che concretamente supporti l'intervento di mano altrui nel determinismo del decesso della signora Resinovich, che si era allontanata da casa lasciando al domicilio sia telefoni cellulari sia anello tipo "fede nuziale"».

Viene scartata anche la morte per cause naturali e il successivo occultamento di cadavere a scopo difensivo, vista la mancanza di tracce da trascinamento e di trasporto del corpo in un ambiente impervio. A cui si aggiunge, ancora una volta, il fatto che i sacchi fossero intatti.

PER ESCLUSIONE, rimane in piedi l'ipotesi suicidaria avvenuta nel luogo del ritrovamento. E viene valutato plausibile un decesso per asfissia da confinamento con sacchetto di plastica, conosciuta come «plastic bag suffocation».

L'asfissia da spazio confinato si verifica quando un soggetto viene a trovarsi in un ambiente senza possibilità di ricambio d'aria, dove l'ossigeno va a esaurirsi. È una forma lenta di asfissia, dovuta all'accumulo progressivo di anidride carbonica espirata, contestuale al rapido consumo dell'ossigeno all'interno di un volume aereo limitato.

È spesso accidentale: bambini che si nascondono per gioco in armadi, bauli. Oppure adulti bloccati tra le macerie di stabili crollati. Mentre è una forma di soffocamento piuttosto insolita come suicidio: chi vuole togliersi la vita con un sacchetto, lo chiude al collo con delle fascette, con del nastro adesivo, per assicurarsi di non poterlo strappare negli attimi in cui la fame d'aria e l'istinto di sopravvivenza vincono sul desiderio di farla finita.

I consulenti tecnici ci tengono a precisare che l'asfissia può avvenire anche in presenza di un sacchetto non legato, poiché potrebbe essere sufficiente che il soggetto inspiri «per far aderire il sacchetto agli orifizi del volto, cagionando deficit di ossigeno».

Sulla relazione scrivono: «Una ipotesi di morte per asfissia da sacchetto appare dunque plausibile nel caso specifico, in assenza di altri segni di asfissia meccanica violenta», come strozzamento o strangolamento, e «non emergendo, inoltre, chiare evidenze oggettive omicidiarie».

Infine, non escludono che alla morte per asfissia abbia

concorso una eventuale ipotermia, dovuta alla permanenza di Liliana in ambiente esterno. Secondo loro, questo potrebbe spiegare la posizione delle sue mani, strette alla cerniera del giubbotto.

L'epoca della morte è l'ultimo punto oggetto di indagine.

I consulenti fanno notare che già da subito, dal momento in cui il corpo è stato rinvenuto nel boschetto, «le condizioni di conservazione non apparivano, *sic et simpliciter*, compatibili con la permanenza di un cadavere in ambiente esterno per tre settimane».

E che per stimare, pur sempre nei limiti del possibile, il periodo della morte di Liliana è necessario valutare nel loro insieme i fenomeni cadaverici, ossia la progressione degli eventi trasformativi postmortali.

Algor mortis, *rigor mortis*, *livor mortis* e il processo di decomposizione in atto.

L'*algor mortis* si riferisce al cambiamento della temperatura corporea nelle ore successive alla morte. In questo caso è un dato che non può essere di supporto, perché la temperatura di Liliana non è stata misurata nell'immediatezza del ritrovamento.

Il *rigor mortis* indica la rigidità muscolare del cadavere, che si verifica nei muscoli scheletrici entro quattro ore dopo il decesso e via via si diffonde in tutto il corpo. La rigidità completa impiega circa dodici ore per svilupparsi, e raggiunge la fase massima entro le trentasei successive. Si risolve entro settantadue ore, quando la decomposizione induce i muscoli a rilasciarsi, nello stesso ordine in cui si sono contratti. Tuttavia, il *rigor mortis* è influenzato dalla temperatura ambientale: se un corpo non è nel *rigor* completo e si trova in ambiente freddo, il processo rallenta e può anche arrestarsi.

Nel boschetto, sul cadavere di Liliana era apprezzabile una rigidità diffusa, tranne che al rachide cervicale. O perché in quel punto si stava già risolvendo, oppure in seguito alla manipolazione del collo effettuata dagli operatori, che cercavano di individuare il ciuffo bianco. Ma durante l'esame esterno in obitorio, il *rigor* non è più presente: «Rigidità cadaverica risolta in ogni segmento, con cadavere conservato in camera fredda a +12° C».

Il *livor mortis* è il fenomeno legato all'accumulo di sangue cadaverico: una volta avvenuto il decesso, il cuore smette di pompare, il sangue ristagna e, per gravità, si accumula passivamente nelle sedi declivi. In quei punti la pelle assume un colore livido, proprio per via della formazione di ipostasi. Macchie che possono essere indicatori della posizione del corpo al momento della morte e rivelare eventuali interventi di terzi *post mortem*, poiché compaiono in modo progressivo e migrano, se il cadavere viene spostato. Motivo per cui è fondamentale tenere conto della loro cronologia: diventano visibili due ore dopo il decesso e aumentano di estensione e intensità entro le diciotto ore. Ma se il cadavere viene mosso nelle prime dieci ore, migrano completamente nelle nuove sedi declivi: le ipostasi primitive scompaiono e se ne formano altre nei punti più bassi del corpo nella nuova posizione. Spostando il cadavere dopo le dodici ore, si provoca la formazione di ipostasi meno intense nelle nuove sedi declivi e le ipostasi già formate non scompaiono, ma si attenuano sensibilmente. Questa fase intermedia di «migrabilità parziale» può durare anche quarantotto ore. E viene seguita da un periodo di «fissità relativa», che si protrae fino a settantadue ore, in cui il semplice spostamento del corpo è insufficiente a determinare la migrazione delle ipostasi, mentre è ancora possibile attenuare l'intensità della colorazione delle macchie mediante un'azione pressoria locale. Dopo le settantadue ore inizia la fase di «fissità assoluta»: le ipostasi non migrano e non si modificano più, né cambiando la posizione del corpo né massaggiandolo.

Nel caso di Liliana, le ipostasi sono «ben compatibili con la posizione di rinvenimento» del 5 gennaio. I consulenti tecnici riscontrano ipostasi fisse e nessun indicatore di una migrazione parziale. Deducono che il cadavere sia sempre rimasto nel luogo del ritrovamento: «Doveva essere ragionevolmente finito in tale posizione all'aperto "al più" non molte ore dopo il decesso, prima di qualsivoglia migrabilità completa».

Però è necessario sottolineare che le ipostasi non sono state verificate nel boschetto, ma solo in obitorio, cinque giorni più tardi. Un fatto che può influire sull'attendibilità delle considerazioni riguardanti lo spostamento del cadavere.

Per quanto concerne la decomposizione, sia la TAC sia l'esame istologico non rilevano segni di putrefazione avanzata: assenza di gas putrefattivi in sede epatica, assenza di ipotonia dei bulbi oculari, un principio di macerazione cutanea al palmo delle mani e sulle piante dei piedi.

L'analisi della scena porta nella stessa direzione: il corpo e i sacchi che lo contenevano erano integri, senza segni di aggressione, né della micro né della macrofauna ambientale.

Per non tralasciare nulla, i consulenti vagliano anche la «remota ipotesi» che il cadavere sia stato conservato mediante congelamento in un luogo diverso, per poi essere trasferito successivamente nel boschetto. Ma non riscontrano «elementi specifici per dimostrare» tale eventualità.

Sulla base di quanto sopra elencato, i medici Costantinides e Cavalli giudicano «ben poco plausibile un decesso risalente al 14 dicembre 2021», giorno della scomparsa. Invece «appare plausibile un decesso risalente a due, massimo tre giorni, prima del rinvenimento del cadavere».

Liliana si è suicidata in mezzo a rovi e sterpaglie: è scomparsa il 14 dicembre 2021 ma è morta tra le quarantotto e le settantadue ore prima che il suo corpo venisse trovato, il 5 gennaio 2022. Questa è la conclusione a cui sono giunti i consulenti nominati dalla procura, scritta nero su bianco alla fine di una relazione di cinquanta pagine.

Sebbene sembrino molti gli elementi a supporto di questa tesi, ce ne sono altri che la contrastano. O, comunque, che sollevano interrogativi ancora senza risposta.

Innanzitutto, dove potrebbe essere stata Lilly in quei venti giorni? Senza cellulari, senza documenti, senza green pass necessario per muoversi in quel periodo. Senza soldi e senza un cambio d'abiti. E senza mai essere catturata dalle telecamere della zona. Però con la possibilità di nutrirsi degli alimenti che era solita mangiare, di lavarsi e di depilarsi.

Perché questo è un punto centrale.

Liliana è stata rinvenuta cadavere con gli stessi vestiti che indossava la mattina della scomparsa, mentre veniva ripresa dalle telecamere. Puliti come appena messi, biancheria intima compresa.

Le analisi tossicologiche indicano che prima del decesso aveva assunto del caffè e un cibo a base di uvetta, la sua colazione abituale. La stessa consumata quella mattina. Nel sangue e nelle urine sono state riscontrate tracce di un multivitaminico e di altri composti: paracetamolo, 5-aminoacido salicilico e 8-idrossi-chinolina.

Soprattutto, la sua pelle era depilata. Niente crescita pilifera. Nei giorni precedenti alla scomparsa aveva fatto la **CERETTA ALLE GAMBE** e al resto del corpo, in previsione di andare alle terme.

È credibile che sia rimasta nascosta o tenuta segregata da qualche parte per tre settimane, con la serenità e la libertà di condurre la sua routine quotidiana? Tanto da continuare a depilarsi?

E che, dopo quel periodo di isolamento, abbia deciso di togliersi la vita proprio in un boschetto sporco e impervio? Chiudendosi dentro dei sacchi dell'immondizia?

Una persona che decide di suicidarsi, prima di andare incontro alla morte, si preoccupa di assumere un **INTEGRATORE MULTIVITAMINICO**?

Sono gli stessi consulenti tecnici a scrivere nella loro relazione che, nonostante alcuni elementi obiettivi portino a escludere il 14 dicembre come data della morte, «elementi in contrasto, come sembrano suggerire infatti le "riferite" medesime vesti pulite e la depilazione ascellare e la presenza di cibi nello stomaco e nel duodeno» fanno propendere per un decesso contemporaneo alla scomparsa.

C'è un ulteriore dettaglio a favore del 14 dicembre: il cadavere di Liliana non indossava la **FEDE NUZIALE** e all'anulare della mano sinistra presentava un'area depressa, quel leggero solco che rimane appena viene sfilato un anello che si è tenuto a lungo. I familiari e Claudio non l'avevano mai vista senza fede, se non quando frequentava i centri benessere. Il video girato la sera precedente, a cena da amici, la riprende con la fede al dito. L'anello viene trovato in casa, in una scatola riposta dentro un cassetto. Nel tempo, Sebastiano ha fornito diverse versioni su quando e come la fede sia stata rinvenuta, e da chi. Versioni a cui è sempre difficile dare un'interpretazione.

In ogni caso, se si vuole escludere l'ipotesi omicidiaria, significa che Liliana si è tolta la fede la mattina della scomparsa, altrimenti come avrebbe fatto l'anello a tornare a casa? E se sull'anulare era ancora visibile il segno, la morte non può essere avvenuta tre settimane dopo.

«Non è stato possibile appurare la data della morte.»

Di questo sembra essere certa la procura di Trieste, che il 21 febbraio 2023 deposita agli atti la richiesta di archiviazione del caso. Per suicidio.

I dubbi che l'autopsia non riesce a chiarire vengono attribuiti a «un singolare concorso di circostanze» che avrebbe influito sullo stato di conservazione del cadavere di Liliana, tanto «da ingannare i medici legali» e portarli a collocare la morte nei due o tre giorni precedenti al ritrovamento. Quando invece ci sono elementi che inducono a supporre che il decesso sia avvenuto il giorno della scomparsa.

Tuttavia, la procura non pensa possano essere eseguiti ulteriori approfondimenti e non li ritiene nemmeno necessari, perché esclude la sussistenza di un reato contro Liliana.

Per i PM c'è una sola ricostruzione possibile: «Intenzionale allontanamento dalla sua abitazione» e «intenzionale decisione di porre fine alla propria vita». Dopo oltre un anno di indagini e un fascicolo di quasi tremila pagine, vengono escluse «sia l'avvenuta segregazione contro la sua volontà, sia la sussistenza di altre condotte lesive in suo danno ad opera di terzi».

Il suicidio viene considerato un gesto non «estraneo al carattere e alle condizioni psichiche» di Liliana, «stanca di essere la persona che gli altri vogliono, stanca di fare quello che gli altri si aspettano». Una donna che, a parere della procura, si è trovata stritolata emotivamente: da un lato «l'ingombrante personalità del marito, di cui appare succube» e un «matrimonio insoddisfacente», dall'altro una nuova relazione «dalle scarse prospettive». Proprio la stanchezza mentale e la mancanza di «grandi emozioni da condividere» l'avrebbero spinta a imboccare una strada senza ritorno, a scegliere una soluzione «estrema».

Conclusione a cui la procura approda per mancanza di prove concrete a favore dell'omicidio. Quindi **PER ESCLUSIONE**, ancora una volta.

Nessuna prova di «diverbio o colluttazione», nessuna prova che i lividi riscontrati sul viso siano dovuti a un «pugno o schiaffo». I PM ipotizzano che Liliana possa «essere caduta o avere sbattuto contro un ramo o un albero», mentre camminava in quel boschetto accidentato e inospitale. La traccia di dna misto isolata sul cordino che aveva al collo non corrisponde né al profilo genetico di Sebastiano né a quello di Claudio. Nessun elemento che faccia pensare a un congelamento del cadavere in una fase precedente. Niente di rilevante dopo quattro mesi di intercettazioni e neanche negli hard disk sequestrati.

«È sola» Liliana quando esce di casa e viene ripresa dalla telecamera dell'autobus 1927 in piazza Gioberti «e non vi è evidenza alcuna di soggetti che la seguano, la precedano o che possano comunque condizionarne i movimenti». Secondo i PM si stava dirigendo al boschetto, perché non è salita «su alcuno dei mezzi pubblici presenti nel piazzale, né si portava alla fermata degli autobus e nemmeno svoltava a sinistra verso viale Sanzio».

Caso chiuso per la procura.

Non importa se le indagini non siano state in grado di

fornire risposte esaustive neppure agli interrogativi di base.

Il documento di nove pagine, firmato dal sostituto procuratore Maddalena Chergia e vistato dal procuratore capo Antonio De Nicolo, sembra volere trovare una giustificazione a quel buco di quasi tre settimane in cui non c'è convergenza tra le ipotesi: «Il dovere istituzionale della procura è l'accertamento della commissione di reati in danno di Liliana, non quello di ricostruirne in dettaglio ogni attimo degli ultimi giorni di vita».

E mette un punto fermo: «Ove pure si voglia ritenere provata la sussistenza di lesioni, non può osservarsi come il reato sia comunque improcedibile per difetto di querela, a prescindere dalla possibilità o meno di identificarne l'autore».

La famiglia non ci sta.

Il caso non si può dire risolto, se mancano le risposte al *come* e al *quando* sia avvenuta la morte di Liliana. Suicidio e omicidio sono posizioni opposte, non è accettabile l'assenza di certezze.

Il 23 marzo 2023, in seguito alla richiesta presentata dalla procura al GIP di archiviare il fascicolo aperto per sequestro di persona contro ignoti, i familiari si oppongono.

Sergio, Sebastiano e Veronica, la nipote di Liliana, attraverso i loro legali chiedono la prosecuzione delle indagini e ulteriori accertamenti tecnico-scientifici.

L'opposizione alla richiesta di archiviazione avanzata da Sergio è corposa: centotrentasette pagine in cui vengono analizzate le attività investigative, la tempistica, i metodi utilizzati. E gli errori commessi. Soprattutto, la poco approfondita interpretazione di una serie di indizi, psicologici e fisici. Liliana non era depressa, non aveva perso interesse nella vita. Al contrario, accarezzava un nuovo progetto per il futuro. Le tumefazioni sul lato destro del volto sono difficilmente riconducibili a lesioni causate da rami o cadute accidentali nel boschetto. Sono compatibili con escoriazioni ed ecchimosi prodotte da corpo contundente. «Il viso di Lilly era quello di un pugile a fine incontro» spiega l'avvocato Nicodemo Gentile. Sulla faccia non erano presenti né terriccio, né residui vegetali. Nessun imbrattamento ematico nemmeno sulla scena dove è stata rinvenuta. E il tappeto di edera sul quale giaceva non aveva i segni che il cadavere avrebbe lasciato se fosse rimasto lì per tre settimane. Allora, perché escludere che qualcuno abbia costretto Liliana a subire quel tipo di asfissia in un luogo diverso?

Il suicidio è stata la prima pista battuta dagli inquirenti e durante le indagini si sono cercati riscontri e conferme. Ma non ci sono elementi in grado di provare con certezza che sia stata Liliana a calarsi i sacchetti sulla testa. Le analisi sui sacchi neri che avvolgevano il corpo e sulla bottiglietta d'acqua semivuota trovata nella borsa non hanno rilevato le sue impronte digitali. Eppure Liliana quel giorno non indossava i guanti, come dimostrano le immagini delle telecamere che la riprendono mentre butta via l'immondizia. Quindi, in che modo avrebbe potuto coricarsi all'interno dei sacchi, senza toccarli e in **ASSENZA DI GUANTI**? Sui sacchi è presente, invece, un'impronta guantata con trama di tessuto e nei pressi del corpo è stato raccolto e repertato un guanto.

Oltre alla mancanza di tracce papillari, pare che sulla bottiglietta non ci sia nemmeno il dna di Liliana, dunque non avrebbe bevuto. Altra stranezza è la data riportata sulla confezione, ormai scaduta da tempo.

L'opposizione di Veronica si snoda in trentasette pagine. Il punto cardine sono sempre le lesioni su testa e volto: sebbene l'autopsia non le reputi sufficientemente gravi da causare la morte, non trovano collocazione nell'ipotesi suicidaria. E sono contestuali al decesso. Di conseguenza, è necessario chiarirne l'origine. Anche la «modalità soft della morte» è tra i punti sollevati: c'è troppo ordine sulla scena. Liliana era composta dentro i sacchi, nulla fuori posto. È possibile morire soffocati senza reagire? Senza provare a strapparsi il sacchetto, quando l'istinto di autoconservazione prende il sopravvento?

Federica Obizzi, legale di Veronica, suggerisce inoltre un'autopsia psicologica. Liliana non era infelice: si preparava a un nuovo inizio, era legata alla propria famiglia, voleva molto bene a Veronica... non se ne sarebbe mai andata senza lasciarle un biglietto, un messaggio. Due parole di addio.

E attira l'attenzione su un tema: «Chiediamo un approfondimento anche dei rapporti tra Liliana e le persone che sono venute in mezzo a questa vicenda».

L'opposizione di Sebastiano è di otto pagine. Anche l'avvocato Paolo Bevilacqua valuta doveroso stabilire le cause e la data di morte, e fa notare come gli abiti di Liliana non siano stati sottoposti a esami, ispezioni e analisi fondamentali per arrivare a una risposta certa.

«Il lavoro delle parti offese opponenti è stato meticoloso e approfondito, animato dal desiderio di raggiungere quella verità, non sempre afferrabile in casi di morte violenta, per mano propria o altrui.»

Lo scrive Luigi Dainotti, presidente della Sezione dei Giudici per le indagini preliminari, dopo avere letto gli atti, l'opposizione alla richiesta di archiviazione presentata dai familiari di Liliana, le memorie depositate. E dopo avere ascoltato le parti nell'udienza del 5 giugno 2023.

«*...quella verità, non sempre afferrabile in casi di morte violenta...*»

Il documento si apre sottolineando «lo scrupolo e la meticolosità con cui sono state svolte dagli inquirenti le indagini». Però si sofferma sui nuovi spunti di approfondimento offerti dai legali di Sergio, Veronica e Sebastiano. E li considera «necessari» all'obiettivo dell'accertamento della verità. *Quella verità*, appunto.

Così, il 13 giugno 2023 il GIP rigetta la richiesta di archiviazione avanzata dalla procura e chiede al pubblico ministero di compiere «un ulteriore sforzo investigativo» per «fugare i dubbi ancora esistenti». Scopo dell'attività di indagine è «verificare se sia possibile accertare le cause e l'epoca della morte», per capire se si sia trattato di suicidio o di omicidio. Ma anche «pervenire a una ricostruzione più dettagliata dei movimenti di Liliana Resinovich il giorno della scomparsa, nonché di quelli delle persone a lei più vicine» tra il 14 dicembre 2021 e il 5 gennaio 2022.

Per proseguire con tali approfondimenti, il GIP dispone che si indaghi per omicidio volontario, oltre che per sequestro di persona. Il fascicolo viene aperto contro ignoti.

Ed elenca i venticinque punti che devono essere verificati.

Venticinque richieste precise, che possono essere raggruppate in tre macrocategorie di nuovi esami: autoptici, genetici, tecnico-informatici.

C'è un elemento che più di tutti potrebbe essere dirimente. L'unico che potrebbe rispondere a tutte le domande in una volta sola. L'unico in grado di fare conciliare l'ipotesi di una morte contestuale alla scomparsa con il buono stato di conservazione del cadavere.

IL CONGELAMENTO.

Durante l'autopsia, l'ipotesi è stata giudicata «remota» per l'assenza di «vacuolizzazione cellulare dovuta alla formazione di cristalli di ghiaccio». Ma se anziché essere congelato, il corpo fosse stato semplicemente conservato in un ambiente freddo? Le basse temperature potrebbero avere rallentato la decomposizione e influito sulla rigidità cadaverica?

Questo è un punto che merita attenzione. Perché se la risposta fosse positiva, si riaprirebbe la pista dell'omicidio in un luogo diverso dal boschetto e dello spostamento del corpo in un periodo successivo, dopo tre settimane in cui sarebbe stato tenuto nascosto in una condizione termica adatta a conservarlo.

L'autopsia non esclude l'ipotermia come concausa di morte. Si potrebbe pensare che Liliana sia stata chiusa in un contenitore stretto, come un congelatore a pozzetto, mantenuto a pochi gradi sopra lo zero? Che l'asfissia da spazio confinato sia avvenuta in quella situazione, mentre lei era costretta su un fianco e stringeva le mani alla cerniera del giubbotto? E che solo per messinscena e depistaggio le siano stati infilati i sacchetti sulla testa *post mortem*? Forse questo spiegherebbe la presenza di macchie ipostatiche fisse compatibili con la posizione di rinvenimento.

Dubbi che il GIP chiede di chiarire con la riesumazione del cadavere per una nuova consulenza medico legale.

Dispone che si accertino anche tutte le lesività presenti sul corpo, la loro origine, il mezzo che le ha prodotte. Con un particolare focus sulla frattura delle ossa nasali, che i consulenti della procura hanno definito «possibile» e «antica», e di cui nessun familiare ha memoria. Una frattura che, se riscontrata come recente, potrebbe indirizzare verso la tesi dell'aggressione.

Al centro delle nuove indagini ci sono anche ulteriori analisi genetiche e comparazioni tra le varie tracce repertate.

Tutto ciò che ha a che vedere con il **CORDINO** trovato al collo di Liliana esige un'interpretazione, scientifica e circostanziale. Come già scritto, non chiudeva i sacchetti ma consentiva il passaggio dell'aria. Pur inquinando la scena, nel boschetto gli operatori lo hanno tagliato senza danneggiare il nodo.

Quel tipo di nodo racconta qualcosa da tenere in considerazione. Si tratta di un nodo piano, ben conosciuto dai marinai. Sebbene sia formato da due nodi semplici uno sopra l'altro, nel secondo le cime vengono incrociate al contrario. È strano che sia stata Liliana a farlo: sia perché serve manualità, sia perché nel legarsi un cordino intorno al collo viene istintivo incrociare i due lembi sempre dalla stessa parte. Sembra più verosimile che quel cordino l'abbia annodato una mano esperta. Oppure che sia stato annodato in due momenti differenti: qualcuno potrebbe avere chiuso i sacchetti con un primo nodo e poi, per assicurarsi che non si aprissero, potrebbe averne fatto un secondo a rinforzo del primo, ma da una posizione diversa rispetto alla precedente. Ottenendo due nodi semplici uno sull'altro ma chiusi in modo opposto.

C'è un altro aspetto che incuriosisce: è proprio Sebastiano a portare in questura dei gomitoli di quello stesso cordino. Due mesi dopo il rinvenimento del corpo di Liliana.

Sostiene di averli scoperti per caso in un cassetto della cucina, mentre stava cercando una penna. Li fotografa, invia lo scatto all'ispettore di polizia con cui è in contatto e li consegna.

Quello spago di canapa intrecciata è lo stesso che Sebastiano utilizza per legare i mazzi di fotografie. Ed è lo stesso con cui erano tenute insieme le chiavi dentro borsetta nera che Liliana aveva a tracolla.

Non è singolare che a Sebastiano non sia venuto in mente prima di consegnare quei gomitoli?

Non è singolare che le forze dell'ordine non li avessero visti nei cassetti, durante la perquisizione dell'appartamento del 29 gennaio 2022 e nelle due ispezioni precedenti? Dato che proprio in uno di quei cassetti avevano trovato e fotografato dei sacchetti biodegradabili simili a quelli che coprivano la testa di Liliana.

Quei gomitoli potrebbero essere stati fatti comparire volutamente in un secondo momento? Se fosse così, a quale scopo? Per dimostrare che erano di normale uso domestico? Quindi per accreditare la tesi del suicidio? O forse perché a Sebastiano era appena stato prelevato il dna e temeva che il suo profilo genetico venisse riscontrato sul cordino che cingeva il collo della moglie?

Di certo è l'ennesimo comportamento equivoco di Sebastiano, messo agli atti anche dalla PM, dopo averlo sentito per sommarie informazioni testimoniali (SIT).

«Io le chiedo come è andata con i cordini» gli domanda Maddalena Chergia. «La verità.»

«La verità?» risponde Sebastiano. «Sono stati trovati in cucina, dove gli ho mandato le foto all'ispettore... gli ho mandato le foto dicendo: "Guarda, ho trovato questa cosa qui".» E prosegue raccontando che ci sono cassetti che non ha ancora aperto, perché per lui i cassetti della moglie sono sacri e non ci vuole mettere le mani. Era solo alla ricerca di una penna. «Ho aperto il cassetto sbagliato... perché le penne, tutti gli elastici, tutte le cose si trovavano in un cassetto inferiore, ho aperto quello superiore e ho trovato... ho trovato queste... questi cordini, queste matasse di corda... non so, tutto qua.»

Il sostituto procuratore insiste: «Quei cassetti che la polizia aveva già controllato, quando aveva fatto la perquisizione. Li avevano aperti...»

«Io non ero presente quando hanno fatto, ero seduto in soggiorno.»

«Sì, ma li avevano aperti e i cordini non c'erano.»

Nella richiesta di archiviazione la PM fa notare che le affermazioni di Sebastiano relative ai gomitoli di corda e al ritrovamento degli stessi sono «scarsamente attendibili».

I primi esami genetici effettuati sul cordino hanno permesso di isolare una traccia di dna misto parziale, corrispondente ad almeno due contributori, dei quali uno di sesso maschile. Significa che sullo stesso punto del cordino, insieme al dna di Liliana, è stato rilevato anche quello di un uomo. Quest'ultimo però solo parziale, quindi più debole e compromesso. Le indagini non hanno consentito di identificare il soggetto, ma di escludere che si tratti di Sebastiano, di Claudio e di Salvatore, dopo la comparazione con il loro profilo genetico.

Detto che l'assenza di dna sul cordino non scagiona nessuno, poiché l'eventuale aggressore avrebbe potuto indossare i guanti, il GIP chiede di raffrontare quella traccia parziale con altri due profili genetici. Quello di Piergiorgio Visintin e quello di Fulvio Covalero. Entrano così nella scena delle indagini anche il figlio che Sebastiano ha avuto dalla prima moglie e l'amico di Liliana che si è sempre dimostrato attivo sul caso: dall'apertura della pagina Facebook a lei dedicata per la diffusione e condivisione di notizie, alla ricerca sul campo, al suggerimento di possibili piste investigative.

Ma vengono disposti raffronti anche fra tutte le altre tracce di dna isolate sugli oggetti repertati: cordino, bottiglietta, slip e prelievi subungueali. Nonché la comparazione delle stesse con i profili genetici dei soggetti attenzionati.

Comparazioni sollecitate anche per il segno lasciato da un guanto sui sacchi: il dna prelevato da quel segno deve essere raffrontato con le altre tracce di dna e l'impronta deve essere confrontata sia con il guanto raccolto sulla scena, sia con i guanti usati dagli operatori, per capire se possa essere riconducibile al loro intervento o a quello di un soggetto ignoto. Anche i sacchi devono essere sottoposti a un approfondito accertamento scientifico, al fine di verificare la presenza di materiale biologico. Stesse investigazioni sono previste per la borsetta e il suo contenuto, per l'orologio rosa e per tutti gli abiti esterni indossati da Liliana: giacca a vento, felpa, pantaloni, calzini e scarpe.

La terza categoria di approfondimenti riguarda i dispositivi elettronici e le analisi tecnico-informatiche. Oggetto dell'indagine sono tutti gli account di posta elettronica in uso a Liliana, soprattutto quelli scoperti successivamente e mai ispezionati. Ma anche l'analisi di tutti i dispositivi e gli account delle persone vicine a lei, in particolar modo quelli di Sebastiano e Claudio. Nel corso della prima indagine erano stati controllati solo tabulati e traffico telefonico, senza avviare l'estrazione della copia forense e l'applicazione di software specifici, che consentono di recuperare tutte le informazioni presenti su cellulari, tablet e computer, comprese quelle cancellate. Si cercano immagini, documenti, attività sui vari motori di ricerca che possano fornire indizi sulle intenzioni di Liliana e delle persone con cui aveva rapporti.

Nella cronologia di uno dei cellulari di Lilly, i consulenti tecnici avevano già scoperto ricerche mirate ad avere delucidazioni sul divorzio. Liliana aveva digitato: «Come divorziare senza avvocato» e «quanto tempo per ottenere un divorzio». Stava anche cercando un «appartamento a Trieste», di piccole dimensioni, tra i quaranta e i sessanta metri quadrati. L'appartamento che Claudio sostiene servisse per sistemare Sebastiano, una volta che lei si fosse trasferita a vivere da lui. Per avere la certezza sulla finalità di quelle ricerche, il GIP ritiene necessari ulteriori riscontri, dal momento che Sebastiano controbatte con una propria versione: erano lui e Liliana a volere traslocare in un appartamento in centro, e i ragguagli sul divorzio lei li stava sondando per qualcun altro.

Gli accertamenti si allargano anche sulle celle telefoniche che coprono l'area del ritrovamento del cadavere, per capire se e quali utenze dei soggetti attenzionati abbiano agganciato il luogo. E nulla deve essere trascurato del contenuto degli hard disk che Sebastiano ha affidato a Laura e Pino, perché in quei file ci potrebbero essere foto e video fatti dallo stesso Sebastiano che riguardano Claudio. Qualcuno ha sollevato il sospetto che lui pedinasse Liliana e che possa avere immortalato alcuni suoi spostamenti o incontri segreti. Materiale che, se presente negli hard disk, smentirebbe Sebastiano e testimonierebbe che era a conoscenza della relazione extraconiugale della moglie.

Un punto a parte è dedicato all'acquisizione forense della **GoPro** di Sebastiano.

La GoPro è una videocamera indossabile di dimensioni e peso ridotti, che viene fissata sul casco o al petto per riprendere le escursioni in soggettiva.

Per Sebastiano è qualcosa in più.

È l'alibi.

Non inteso come mezzo di prova per dimostrare la sua estraneità alla scomparsa di Liliana: ci tengo a ricordare che a Sebastiano non serve un alibi, perché non è mai stato né sospettato né tantomeno indagato. Ma inteso come sinonimo di sincerità riguardo alla narrazione che ha reso.

I video registrati con la GoPro sono quanto lui fornisce per documentare il percorso e gli spostamenti che avrebbe fatto in bicicletta il giorno in cui Liliana scompare.

Agli inquirenti ha consegnato dodici filmati, ripresi in un intervallo di tempo che va dalle 12.16 alle 13.33. I video sono salvati in ordine sequenziale e presentano alcune anomalie.

Innanzitutto, mancano due spezzoni. E tra due riprese successive, di due luoghi che si trovano a una distanza di circa ottocento metri l'uno dall'altro, passano solo tredici secondi: è impossibile che Sebastiano possa pedalare a una velocità di oltre duecento chilometri orari. Poi, alle 12.47 il suo cellulare aggancia una cella diversa e non compatibile con quella del luogo tracciato dalla GoPro. Prima della fine del giro, alle 13.27 scende dalla sella ed entra nell'inquadratura della piccola telecamera montata sulla bici per aggiungere una ripresa con la propria immagine.

Il GIP vuole che vengano verificati orari e date, per capire se i video siano originali, oppure se risalgano a un momento differente e se i dati siano stati manomessi.

Ancora una volta, a generare dubbi sono le troppe versioni di Sebastiano relative a quella mattina.

Con gli inquirenti ha affermato di essere uscito in auto presto, per recarsi nelle varie pescherie. Di aver raggiunto il proprio laboratorio in via Donadoni dopo le nove e di esserci rimasto a lavorare, finché non ha inforcato la bicicletta per una pedalata sull'altopiano del Carso.

E a conferma ha offerto le immagini della GoPro.

Ma quando è stato intervistato telefonicamente la prima volta, da un giornalista della testata *TriestePrima*, ha dichiarato di essere rientrato a casa per pranzo. Sebbene il racconto sia confuso, dalle sue parole sembrerebbe intorno a mezzogiorno, dopo il giro in bici. Del quale si è preoccupato di descrivere il tragitto con dovizia di particolari.

«E dopodiché sono venuto a casa, sono venuto in bicicletta perché noi stiamo qua a San Giovanni sopra, in via Damiano Chiesa, sopra lì, no? Sono venuto giù dal monte, ho fatto, ti dico anche il percorso: ho fatto un giro vicino a Barcola, poi sono andato sul faro, lì del faro ho girato su per la Bonomea, poi dalla Bonomea sono andato là dell'obelisco, all'obelisco ho preso la ciclabile, quella che va su a Conconello, Contovello... come si chiama, dove c'è le antenne, e poi sono venuto fuori dall'altra parte a Padriciano. E da lì ho preso l'altra ciclabile, che arrivi lì al bivio ad "H". E da lì sono andato giù sulla ciclabile, quella Cottur, e sono andato fino a... E dopo sono rientrato, ho messo la bici in macchina perché ero andato in macchina giù, e ho detto: "Boh, vado a casa"...»

Il giornalista gli domanda l'orario preciso in cui è rincasato, e lui risponde: «Allora, io sono tornato a casa, che ti avevo detto, sono andato a pranzo a casa, ho preparato il pranzo e... ho fatto il sugo, ho mangiato un po' di pasta perché lei di solito non mangia mai, perciò il sugo l'ho messo in frigo, ho detto: "Boh, faremo stasera"». Prosegue: «Sì, io ho mangiato, sono andato lì verso mezzogiorno e dopodiché sono ritornato giù in bicicletta, in città. E dopo sono andato, mi pare, un saltino in città a fare un giretto ancora, e dopo ho messo la bici in macchina e poi sono andato a casa, verso le quattro, così, forse tre e mezza, quattro... non so, gli orari, ormai, non capisco più niente. E dopodiché, niente, ho aspettato, ho aspettato, sono arrivate le sei...»

Non è chiaro neppure quando abbia ripreso l'auto. Se prima di pranzo o dopo il «giretto» pomeridiano.

A Silvia ha dato una versione ancora differente, dicendo di essere rientrato a casa in tarda mattinata, tra le dieci e trenta e le undici. La stessa riferita a Jasmina, l'amica albergatrice.

Sta di fatto che il suo cellulare si disconnette alle 9.12, mentre lo aggancia la cella che copre il laboratorio. Rimane non raggiungibile fino alle 12.13. Tre ore in cui non viene registrato alcun traffico, né telefonico né telematico.

Sebastiano sostiene che nella stanza più interna del laboratorio non arrivi il segnale. Tuttavia, non è mai accaduto in precedenza che il suo cellulare restasse spento per tre ore consecutive e che nel laboratorio non generasse nemmeno traffico dati. E la consulenza sui consumi energetici mostra una significativa riduzione dei consumi dopo la prima ora, inconciliabile con l'impiego di strumenti di lavoro.

Tra le varie versioni di Sebastiano, ce n'è una accurata?

Rispondere a questa domanda è importante, perché Liliana scompare quella mattina dopo le 8.50, quando viene ripresa per l'ultima volta dalle telecamere. I luoghi in cui è stato visto o localizzato Sebastiano e gli orari precisi di ogni suo spostamento sono oggetto delle nuove indagini disposte dal GIP, che vuole avere un quadro chiaro dei movimenti di tutte le persone che facevano parte della vita di Lilly.

La GoPro può rivelare la verità?

Anomalie. Non solo quelle che riguardano la GoPro.

Le **LANCETTE** dell'orologio rosa di Liliana sono

FERME ALLE 9.17. Impossibile dire se di mattina o di sera. Se di quel 14 dicembre o di un giorno successivo. Di sicuro, è una coincidenza strana, dato che quell'orario potrebbe corrispondere a quello della sua morte.

È plausibile pensare che per difendersi da un'eventuale aggressione abbia sollevato il braccio destro, su cui portava l'orologio? Il colpo potrebbe averne compromesso il funzionamento? La scalfittura che si osserva in corrispondenza del numero cinque è contestuale? E se quell'eventuale aggressione avesse fatto cadere Liliana, con l'impatto al suolo la batteria potrebbe avere perso il contatto all'interno del meccanismo? Quel meccanismo che non è mai stato esaminato e per cui il legale di Veronica ha chiesto un approfondimento.

Poi c'è una **PESCHERIA**. La sesta in ordine cronologico del giro che Sebastiano afferma di avere fatto quella mattina. L'ultima consegna di coltelli, prima di raggiungere il proprio laboratorio. Eppure, il personale della pescheria non ricorda di averlo visto. La commessa, sentita dagli inquirenti per sommarie informazioni, ha dichiarato che Sebastiano era solito passare da loro il martedì, tra le 8.30 e le nove: portava i coltelli affilati e prelevava quelli da affilare. Quel 14 dicembre lei arriva in negozio alle 7.50 e trova i coltelli affilati sul bancone. Si stupisce sia per l'orario, sia perché mancano i coltelli per sfilettare il pesce, sia perché la consegna era prevista per il martedì successivo. Domanda al padre e al direttore del negozio se abbiano visto passare «il signore che affila i coltelli». Entrambi rispondono di no. Sebastiano è stato notato la sera precedente.

Se è ragionevole immaginare che Sebastiano si sia confuso con luoghi e date, è comunque ragionevole interrogarsi su dove fosse all'ora in cui ha detto di essere in quella pescheria. Appena dopo le nove il suo cellulare aggancia la cella telefonica che copre l'area in cui si trova il negozio della Wind, dove Liliana era diretta. Sebastiano potrebbe averla incontrata, prima che lei entrasse?

Un'altra anomalia la mettono in evidenza i consulenti tecnici incaricati dai legali di Silvia e Sergio, che hanno analizzato il traffico telefonico dei dispositivi di Liliana. Sembrerebbe che la "famosa" telefonata delle 8.22 di quella mattina tra Liliana e Claudio sia stata cancellata dal cellulare di Liliana, sebbene risulti dai tabulati. E pare che qualcuno abbia anche eliminato il nome "Claudio Sterpin" dai contatti tra le 8.22 e le 10.56: la telefonata delle 10.56 di Claudio entra sul dispositivo di Liliana con un numero non assegnato. Ma successivamente il nome viene reinserito: "Claudio Sterpin" è presente nella rubrica che risulta dalla copia forense. Se fosse stata Liliana a cancellarlo prima di uscire, nessuno se ne sarebbe accorto e nessuno avrebbe sentito il bisogno di memorizzarlo di nuovo. Quindi è sensato chiedersi: se Liliana ha lasciato l'abitazione senza i cellulari, chi era in casa con i due dispositivi in quelle ore? E perché eliminare e poi salvare ancora il contatto di Claudio? I cellulari sono stati sequestrati dagli inquirenti parecchio tempo dopo la scomparsa di Liliana, rimanendo a disposizione di Sebastiano. Erano nelle sue mani anche quella mattina? Se sì, significa che è rincasato. Allora perché tutte quelle versioni discordanti? E perché tenere il proprio cellulare spento fino oltre mezzogiorno?

Nessuno in questa storia sembra essere immune alle anomalie. Alcune sfiorano anche Claudio.

«La polizia ha trovato un sacco con un corpo» lo informa al telefono la giornalista di una testata locale.

Ripreso dalle telecamere di un programma televisivo, lui si piega in avanti, reggendosi al cancello. Poi commenta a voce alta, come per darsi una spiegazione sul luogo e sulle condizioni in cui Liliana è stata rinvenuta: «Potrebbe essere...» riflette «...ma no, se è messa in un sacco nero non va bene, perché non può essersi messa da sola».

Parla di «un sacco nero», ma la giornalista non ha accennato al colore del sacco. Il dubbio viene: lui come fa a saperlo? Lo chiarisce con serenità: «Io la cercavo in un sacco nero, quando andavo in giro per il Carso». Da subito si sarebbe fatto l'idea che Liliana fosse stata «buttata via come immondizia».

Una convinzione che non passa inosservata agli inquirenti, che attenzionano una conversazione telefonica del febbraio 2022 tra lui e Sergio: Claudio dice di essersi recato sul Carso insieme a Fulvio Covalero il 26 dicembre. Cercavano il corpo di Lilly, e lui si aspettava di trovarlo dentro un sacco nero.

Perché? Si interroga chi indaga. «Appare del tutto singolare, a tal proposito, il fatto che lo Sterpin fosse andato alla ricerca di un sacco nero, all'interno del quale poteva trovarsi il corpo della Resinovich, quando, in realtà, non era ancora noto se quest'ultima fosse ancora viva o morta.»

Il 21 aprile 2023 Claudio deposita una memoria che riporta la data del giorno precedente, in cui racconta molte cose del suo rapporto con Liliana. E svela che i loro incontri non avvenivano solo presso la propria abitazione, ma anche in una cantina e in una soffitta, situate nel centro di Trieste. Perché non ne ha parlato prima?

Il GIP, nei venticinque punti di approfondimento, dispone di «sentire dettagliatamente Claudio Sterpin sull'utilizzo dei predetti immobili, e per quali motivi non ne abbia originariamente fatto menzione agli inquirenti». Chiede inoltre di verificare se le chiavi nel portachiavi a forma di cuore, sequestrate a casa di Liliana durante la perquisizione, siano compatibili con le serrature di quei locali.

Le domande sono tante. Le risposte non sembrano mai sufficienti. Alcune volte chiariscono, altre volte confondono. Altre ancora risultano illogiche, contraddittorie, ambigue. Spesso mancano del tutto.

Proprio in nome di quelle risposte, la procura di Trieste ha conferito l'incarico di riesumazione della salma di Liliana a un collegio di consulenti, «con la procedura dell'accertamento tecnico non ripetibile».

Quattro sono gli esperti nominati per svolgere i nuovi esami: Cristina Cattaneo, antropologa forense, ordinaria di Medicina Legale presso l'università statale di Milano e responsabile scientifico del Labanof, nota per essersi occupata di casi complessi, tra cui quello di Yara Gambirasio; Stefano Tambuzzi del dipartimento di Scienze biomediche dell'università degli studi di Milano; Biagio Eugenio Leone dell'ateneo di Milano Bicocca e l'entomologo Stefano Vanin.

A Trieste splende il sole il 13 febbraio 2024. Sono circa le nove di mattina, quando al cimitero di Sant'Anna viene scoperchiata una tomba e si fa scendere una scala. Gli uomini con caschetto e tuta bianca si muovono su un vialetto stretto. Tra lapidi, fiori e giornalisti. Ogni loro gesto viene ripreso dalle telecamere di tutte le reti. La tensione è alta, come il rispetto verso quella bara di legno che le funi portano in superficie. Contiene i resti di Lilly.

Una cassa in zinco è pronta a proteggerla e un furgone a trasportarla a Milano, dove verrà aperta per la seconda autopsia.

«Per me è importante che il corpo di Liliana possa dare delle risposte, perciò non mi oppongo» commenta Sebastiano, a pochi passi dalla fossa.

«Le ho scritto scusa per il vilipendio di oggi, ma spero sia utile per arrivare alla verità.» Claudio è molto più distante, ha portato una rosa e un biglietto.

«Spero si possa arrivare alla verità, anche se è una cosa dolorosa» si sente di dire Sergio, precisando che aveva avanzato la richiesta di riesumazione prima che la procura proponesse di archiviare il caso. «Sono contento che il giudice abbia accolto la nostra istanza.» E conclude: «Non mi fermo. Io voglio sapere cos'è successo».

A stupire è ciò che aggiunge Sebastiano: in modo del tutto imprevisto, cambia ancora versione sulla possibile causa di morte della moglie. Era stato il primo a parlare di suicidio, per poi opporsi all'archiviazione con l'obiettivo di scoprire se qualcuno potesse averla uccisa. Ma appena il carro funebre lascia il cimitero, torna sulla posizione iniziale. «Credo nella teoria del suicidio purtroppo, per quello che ha lasciato a casa: il telefonino e altri oggetti. E penso che lei sia morta il giorno 14.» Sottolinea che Liliana era una persona «buona, dolce, che aiutava delle persone», motivo per cui «nessuno può averle fatto del male».

Ciò che non sorprende è la sua determinazione a cremare il cadavere. «Spero che la dottoressa Cattaneo possa avere delle risposte. Dopodiché io aspetto il nulla osta per cremare Liliana, questo è quello che interessa di più a me.»

Dal momento in cui i primi medici legali hanno restituito il corpo, Sebastiano ha insistito affinché venisse cremato, sostenendo che fosse la volontà di Liliana. Sergio si è sempre opposto: non ha mai sentito la sorella affrontare il discorso della cremazione. E anche se avesse espresso quel desiderio, lui avrebbe atteso. Perché finché esiste, il corpo di Liliana può parlare. Può dimostrare l'omicidio. Non c'è fonte di prova più importante.

Eppure, l'intenzione di cremarlo ha portato Sebastiano a scegliere una bara di legno non zincata, che ne ha compromesso la conservazione.

Ma dove non parla Liliana, parlano le **FORMICHE**.

Se l'avanzato stato di decomposizione dei resti ostacola il lavoro di indagine, le formiche lo agevolano.

Nonostante la prima relazione medico legale non riveli la presenza di insetti sul corpo di Liliana, né di segni a loro riconducibili, nelle foto e nei video di quella stessa autopsia si vedono delle formiche correrle sul viso e sui vestiti. I resti di quegli esemplari sono stati trovati dai nuovi consulenti nel sacco nero che copriva la parte superiore del cadavere. Non due o tre, ma un numero tale da fare dedurre che, al momento del sopralluogo nel boschetto e prima che i sacchi venissero manipolati, ce ne fossero molti di più.

La presenza e l'assenza di un insetto su un cadavere rappresentano sempre una prova. In questo caso, le formiche sono un elemento significativo, perché possono raccontare tanto sull'epoca della morte di Liliana e sul tempo di permanenza del corpo nel luogo di rinvenimento. Forse possono raccontare anche altro.

«Se poni a un insetto la giusta domanda, lui ti risponderà in maniera onesta, in quanto non ha alcuna ragione per mentire» spiega l'entomologa forense Fabiola Giusti, consulente dei legali di Sergio. «Un cadavere è di per sé interessante, in quanto è un'incredibile fonte di cibo che non oppone resistenza», infatti tutti gli animali, insetti compresi, ne sono attratti.

Durante l'inverno le formiche entrano in una condizione di dormienza e di bassa energia. Lasciano il nido solo se vengono richiamate dal cibo. «Erano in questo stato di diapausa nel terreno sottostante, si sono ritrovate Liliana sopra, quindi per loro è stato molto semplice sentirla con le antenne, localizzarla» e raggiungerla.

Le formiche sono insetti sociali, che vivono in colonie organizzate, nelle quali i singoli hanno mansioni individuali diversificate e agiscono in funzione delle necessità collettive. Quando una formica esploratrice individua una fonte di cibo, torna al nido depositando sul terreno un feromone di traccia, ossia una sostanza prodotta dalle ghiandole presenti nell'addome. Una sorta di segnale chimico, che permette alle altre formiche di seguire la traccia e raggiungere la fonte segnalata. A mano a mano che passano, tutte le formiche depositano il feromone, rinforzando lo stimolo per gli altri esemplari della colonia a seguire quel percorso.

Sebbene nei mesi più rigidi la formica sia meno attiva, impiega comunque poco tempo ad arrivare al cibo. «Le formiche su questa storia parlano del fatto che Liliana si trovava nel luogo del ritrovamento da poco tempo...»

C'è un dato che attira l'attenzione dell'entomologa: il fatto che dopo avere sprecato energia per uscire dal nido nel periodo di riposo, le formiche non abbiano aggredito Liliana. Questo potrebbe significare che non è stata considerata una fonte di cibo interessante. «Ci siamo fatti anche l'ipotesi che Liliana sia deceduta il giorno della scomparsa, che sia stata conservata a basse temperature e che sia stata occultata nel boschetto soltanto la notte fra il 4 e il 5 gennaio. E che quei sacchi, che sono così tremendamente intatti, siano stati usati per le ultime fasi di spostamento e occultamento del cadavere.» La conservazione del corpo in ambiente freddo potrebbe spiegare il disinteresse delle formiche. «Se Liliana è stata raffreddata, ovviamente dobbiamo aspettarci che la cute abbia subito delle modificazioni a livello citologico... che non la rendono attraente e aggredibile dalle formiche.»

È un esperimento che si può fare con facilità: è sufficiente appoggiare due pezzi di carne, uno fresco e uno estratto dal frigorifero, in mezzo all'erba, per notare come le formiche si avvicinino a entrambi ma si concentrino solo su quello fresco.

La risposta sulla data del decesso potrebbe arrivare anche dall'esame del microbiota, un approfondimento ancora in fase sperimentale eseguito per lo più in Inghilterra e negli Stati Uniti.

Il microbiota è l'insieme di tutti i microrganismi che convivono nel nostro organismo, senza danneggiarlo: batteri, virus, funghi, protozoi. Si trova nell'intestino, nella cavità orale e dentro le narici, nei polmoni, negli organi genitali. Ma anche sulla cute, nell'orbita oculare e nel canale uditivo. I microrganismi che lo compongono superano i cento trilioni in ogni individuo.

Sono stati i consulenti di Sebastiano a proporre l'esame: i vetrini con i tessuti prelevati dai resti di Liliana sono allo studio in un laboratorio specializzato a Londra.

Nel frattempo, le analisi effettuate da Stefano Vanin sul microclima presente nel boschetto nei giorni del rinvenimento del cadavere dimostrerebbero una temperatura media di circa quattro gradi centigradi, cinque gradi inferiore rispetto a quella rilevata in centro a Trieste.

Mentre Cristina Cattaneo e il team nominato dalla procura lavorano supportati dalla scienza, io continuo a pensare alla frase scritta dal GIP.

«*...quella verità, non sempre afferrabile in casi di morte violenta...*»

Quella verità forse difficile da afferrare oggi, se non si

è stati in grado di afferrarla prima. Ma a cui non bisogna rinunciare. La verità dovrebbe essere cercata sempre. Non solo per Liliana e per tutte le vittime, non solo per chi voleva loro bene. Ma perché è di verità che si nutre la giustizia.

Rifletto anche sull'ultimo messaggio che Liliana ha scritto a Claudio il giorno precedente alla scomparsa.

«*In relax aspettando domani.*»

Forse un pezzo di verità sta proprio in quelle parole, nella spontaneità e nel desiderio che esprimono.

Sono passati giorni, mesi, anni. Tremila pagine di inchiesta. Centinaia di ore di programmi televisivi, decine di articoli scritti. Due autopsie. Supposizioni, ragionamenti, deduzioni. Ma forse ci si è dimenticati che spesso la verità è semplice. O forse sembra troppo semplice per poterla giudicare attendibile, anche se ce l'abbiamo davanti agli occhi. Anche se è sempre stata lì.

Chi aspetta il domani non si fa schiacciare da rimpianti e rimorsi. Non si volta per guardare indietro, ma tiene lo sguardo puntato all'orizzonte. Chi aspetta il domani ha capito che ciò che conta non è il passato, che il presente ha valore solo se esiste un progetto di futuro. E che il futuro ha la forma della speranza e profuma di emozioni. Chi aspetta il domani sa quanto la tristezza possa togliere il sonno, la fame, la serenità. Ma si è già strappato le spine dal cuore e ha lasciato a terra il peso degli sbagli, perché confida nella nuova alba per guarire le ferite.

Chi aspetta il domani ha già deciso.

Chi aspetta il domani ha scelto la felicità.

Chi aspetta il domani sogna. E nei sogni il suicidio non esiste.

4

Diana Pifferi

Essere invisibili.

Sulla scala delle sofferenze, essere invisibili occupa uno dei primi gradini. Eppure, se qualcuno ci chiedesse di elencare i motivi di disagio peggiori, ne elencheremmo a decine. Ma non quello. A nessuno viene istintivo pensare al dolore che possono provare gli invisibili, proprio perché non li vediamo.

Gli invisibili hanno un aspetto che nessuno guarda, una voce che nessuno ascolta. Non esistono. Oppure vengono dimenticati.

Ogni morte che racconto è straziante: omicidi violenti, sanguinari, spietati. Sembra impossibile, ma ci può essere qualcosa di ancora più tragico.

Morire perché invisibili.

E se a morire perché invisibile è una bambina di diciotto mesi, non è solo straziante. Ma inaccettabile.

Diana Pifferi è morta di fame e di sete in una stanza surriscaldata dalle temperature estive. Abbandonata dalla madre e ignorata dalla vita. Sei giorni e sei notti da sola. Senza acqua, senza cibo. Nessuno ha voluto vedere, nessuno ha voluto sentire. Nessuno si è fatto domande.

Nessuno ha pensato che la solitudine potesse torturare, uccidere. Essere più feroce di una mano assassina.

Diana Pifferi era nata il 29 gennaio 2021.

Dentro un water.

In un bagno che non era quello della madre. Nella casa di un uomo che non sapremo mai se fosse il padre.

Scivola dall'utero al vaso. Il suo primo contatto con il mondo è nell'acqua del gabinetto. Arriva in ospedale in ambulanza, ancora legata al cordone ombelicale.

La madre giura di non essere stata a conoscenza della gravidanza. Nonostante l'aumento di peso, nonostante il ciclo mestruale si fosse interrotto da mesi. Non sa nemmeno chi sia il padre. Si mostra calma, dice di averle infilato un dito in bocca per consentirle di «sputare il liquidino», come aveva visto fare nel programma televisivo *Non sapevo di essere incinta*, che è solita guardare. Una cosa, però, la sa: vuole che sua figlia porti il nome di una principessa. La chiama Diana. Mentre l'uomo che è con lei si rifiuta di darle il proprio cognome, si rifiuta di fare il test di paternità. Anche lui sostiene di avere ignorato che la compagna fosse incinta.

La situazione non può definirsi "normale". Sulla cartella clinica viene annotato: «Gravidanza misconosciuta». Tuttavia, nessuno dei medici ritiene di segnalare l'accaduto ai servizi sociali.

Diana è prematura, rimane in terapia intensiva neonatale per un mese e mezzo, prima di essere portata a casa dalla madre. Ma torna in ospedale poche settimane dopo con la febbre alta, per un'infezione renale. Insieme a lei c'è la nonna, perché la madre è in vacanza a Montecarlo con il compagno. Solo in quel momento, qualcuno in ospedale solleva il sospetto che possano sussistere dei problemi: vengono allertati i servizi sociali per una valutazione socio familiare. Ma durante i colloqui con gli psicologi, la madre dichiara di vivere in un contesto familiare sereno e di avere un compagno attento e presente. Le credono. E nessuno si preoccupa più.

La nonna si trasferisce in Calabria.

Il compagno lascia la madre.

La madre non è in buoni rapporti con la sorella, non ha amici, non ha un lavoro.

Diana cresce senza avere fatto una visita audiometrica, senza essere vaccinata. Senza avere mai incontrato un pediatra. A diciotto mesi non cammina e non parla. Ha pochi capelli, è pallida e sembra malnutrita.

Eppure sorride sempre.

Questa storia è difficile da raccontare. Perché Diana è morta dopo una sofferenza atroce. Fisica: prosciugata dalla disidratazione. Emotiva: da sola, imprigionata in un lettino dalle sponde alte mentre piangeva e chiamava la madre. Ma è difficile da raccontare anche perché esige un approfondimento. Sarebbe facile, e più rassicurante, riportare i fatti e fermarsi alle apparenze: una donna ha abbandonato la propria figlia per sei giorni con la consapevolezza che sarebbe morta. C'è una vittima e c'è un colpevole. Giustizia è fatta.

Invece, penso che ci sia dell'altro. E non parlarne significherebbe non voler vedere e non voler ascoltare. Tapparsi occhi e orecchie, lasciando che continuino a esistere gli invisibili.

Racconterò questa storia attraverso due ordini di dettagli. Quelli che riguardano il caso in sé. E quelli che riguardano la mente della madre che ha agito come un'assassina.

I primi sono: un abito da sera rosso, un pannolino, il sogno di vivere come una principessa, un'aragosta, un biberon troppo piccolo, una limousine, del "teuccio", un trolley rosso con trenta vestiti, la professione di psicologa infantile, un finto battesimo con dei confetti rossi, un rosario.

I secondi sono: handicap, turbe psichiche, QI di 40, deprivazione affettiva, disturbo dello sviluppo intellettivo, WAIS IV, TAT, SIMS, Rorschach, vizio parziale di mente, dipendenza dagli uomini, disturbi mentali, alessitimia.

«Io non ho ammazzato mia figlia.»

Ho ascoltato la sua voce in migliaia di messaggi vocali, negli interrogatori e durante le dichiarazioni spontanee. Tra tutte le frasi pronunciate, questa è quella che mi ha fatto riflettere di più. Non perché sia vera o falsa. Ma perché credo che Alessia Pifferi lo pensi davvero.

Alessia Pifferi è la donna che ha partorito Diana in bagno. E che un anno e mezzo più tardi l'ha abbandonata a casa dal 14 al 20 luglio. In un lettino da campeggio, con un biberon di latte e una bottiglietta d'acqua. Nei giorni più caldi di quel 2022.

«Mia figlia la tratto come un principessa.»

«Oggi mi sento una cattiva madre.»

La prima affermazione la fa in un vocale, mentre si percepisce la vocina di Diana in sottofondo. La tragedia non è ancora successa.

La seconda è del gennaio 2024, resa ai consulenti tecnici che la stanno valutando ai fini della perizia psichiatrica. Oltre al ricordo, di Diana rimane solo qualche fotografia.

Alessia Pifferi nasce a Milano nel 1985. Il padre è il custode di un palazzo, la madre lavora come commessa in un ipermercato. Sua sorella Viviana ha nove anni più di lei. Sono i nonni materni a occuparsi di loro, ma vengono a mancare troppo presto. Alessia ha cinque anni e ne soffre tantissimo.

L'infanzia di Alessia non è serena. Si sente la «cocca di papà» e non amata dalla madre. Nemmeno dalla sorella. Non gioca con le cuginette e fatica a integrarsi con i compagni di classe. La sua percezione è di essere «un pulcino nero».

«Non ho vissuto un'infanzia come le altre bambine. Ero sempre da sola, in un angolino.»

Al primo anno delle elementari, Alessia si mostra estremamente chiusa ed esprime un senso di abbandono, tanto che la scuola suggerisce alla famiglia un percorso con una neuropsichiatra infantile.

Neppure il contesto familiare è sereno. I soldi non bastano mai, il padre ne fa cattivo uso, ha il vizio di bere ed esercita la propria posizione di forza nei confronti della madre. «Ogni volta erano discussioni o mani addosso, e io ero lì ad assistere.»

A scuola ci va volentieri, sebbene i risultati siano deludenti e sebbene sia sempre affiancata da insegnanti di sostegno perché stenta ad apprendere. Anche gli incontri di supporto psicologico proseguono per un certo periodo.

Ha quindici anni quando la madre, a causa di un brutto incidente, è costretta a una lunga degenza in ospedale. Al rientro necessita di assistenza e Alessia smette di andare a scuola per prendersi cura di lei.

Tra alti e bassi, problemi economici, tensioni quotidiane e qualche lavoretto saltuario, passano gli anni. Alessia diventa maggiorenne. Dopo una breve storia con un ragazzo egiziano che fa il pizzaiolo, conosce un uomo di origini siciliane, di oltre trent'anni più grande di lei. Lo sposa in comune a Palermo e poi organizza un matrimonio a Milano. Per l'occasione indossa un abito bianco sfarzoso e un diadema di cristalli. È il suo giorno, quello in cui può sentirsi una principessa. Vuole che somigli a un sogno, anche se sta per convolare a nozze con un marito manesco. Anche se sa di non poter contare sull'affetto della sorella, che non si presenterà nemmeno alla cerimonia.

Alessia si trasferisce a Palermo, a vivere con il marito e la madre di lui. L'anno successivo rimane incinta, ma perde il bambino. Si verificano delle complicazioni che richiedono terapie farmacologiche, così decide di tornare a Milano. La segue pure il marito, senza lavoro da un po'. Nel frattempo, viene a mancare il padre di lei e a starle vicino è la madre, che la aiuta anche economicamente, perché gli impieghi che trova come babysitter, assistenza di anziani e attività domestiche non le permettono di mantenersi.

Con il marito le cose non funzionano. «Discutevamo tanto, poi lui alle volte mi alzava le mani addosso.» Alessia tiene duro per dodici anni, finché non ce la fa più. Arriva la separazione e lei si iscrive ad alcune app di incontri. Posta foto scattate davanti allo specchio, in pose sensuali e con vestiti provocanti. Ma anche scatti dove indossa capi appariscenti. Come l'**ABITO DA SERA ROSSO**, con la gonna ampia e un fiore argentato sulla scollatura. Lo scatto la ritrae in pieno giorno, su una panchina verde. Alle sue spalle un parcheggio e le insegne dei negozi. Non si sente fuori luogo, perché continua a coltivare il **SOGNO DI VIVERE COME UNA PRINCIPESSA** e di fare innamorare il principe azzurro. «Penso che sia il sogno di ogni donna avere un uomo che si inginocchia, che ti dice quanto ti vuole, quanto ti ama, che ti vuole con lui definitivamente.»

Inizia a conoscere e a frequentare uomini. Li preferisce di una certa età. «Diciamo che io ho sempre cercato uomini più maturi di me, non per avventure ma perché mi facessero stare tranquilla.»

È attraverso una di quelle app che incontra Angelo Mario, l'uomo che diventa presto il suo compagno, a cui lei fa credere di essere una psicologa infantile e con il quale va a convivere a Leffe, in provincia di Bergamo. È nel suo bagno che nasce Diana.

L'uomo che non riconosce la bambina come propria.

L'uomo che la sminuisce dandole della cretina e dicendole che puzza.

L'uomo che la allontana, per poi rifarsi vivo nel giugno 2022.

L'uomo che lei ha scelto per costruirsi una famiglia.

«Diciamo che è sempre stato un mio desiderio, anche quando ero ragazzina: diventare mamma era il mio sogno. Una famiglia, un marito, un compagno per tutta la vita e mettere su famiglia.»

L'uomo dal quale vorrebbe protezione.

L'uomo per cui abbandonerà sua figlia.

Mercoledì 20 luglio 2022 in tarda mattinata gli operatori del 118 entrano in un appartamento del primo piano di un edificio in via Carlo Parea, nella zona di Ponte Lambro a Milano. Trovano una bambina stesa a pancia in su. La bocca aperta, le labbra viola. Indossa solo una canottiera. Le mani e i piedi sono neri. Necrotici.

Il corpicino non presenta segni riconducibili a traumi, ma le macchie ipostatiche sono ben evidenti. Gli occhi sembrano incavati, in quello sinistro le mosche hanno già deposto le uova.

Per Diana non c'è più niente da fare. Ne constatano il decesso.

Uno degli operatori prende una camicetta che vede sul letto e la copre. Un gesto d'affetto, l'unico che abbia ancora senso.

In casa ci sono due donne.

Alessia Pifferi e Letizia.

La madre della bambina e la vicina di casa, è lei ad avere avvisato i soccorsi.

Sia nell'immediatezza dei fatti, sia sentita per sommarie informazioni, Letizia spiega ciò di cui è stata testimone: alle 10.30 Alessia le chiede aiuto, perché la figlia non respira più. Lei la segue in casa. Si accorge subito del colore livido di Diana e telefona al numero unico di emergenza.

In quegli attimi concitati, Alessia continua a ripetere di non essere una cattiva madre. Di fronte a lei chiama il compagno in modalità vivavoce.

«Diana è morta» gli dice. Ma ammette anche di avergli mentito: la bambina non era al mare con la sorella, come gli ha raccontato. Ma a casa con una babysitter straniera. E lo prega di raggiungerla.

«Cosa hai fatto? Cos'è successo?» vuole sapere lui. «Dov'è la babysitter? L'hai sentita?» E la rimprovera per non avere portato Diana con sé in quei giorni.

La stessa versione Alessia la fornisce sia al personale medico sanitario del 118 sia agli agenti della squadra mobile che arrivano subito dopo: giovedì 14 luglio si è recata dal compagno a Leffe, affidando la figlia a una babysitter. Quando è rincasata, ha trovato le finestre aperte e la porta chiusa ma non a chiave. La bambina era nel lettino, immobile. Ha cercato di rianimarla con un massaggio cardiaco e bagnandole la testa e le mani con dell'acqua. Afferma che la babysitter si chiama Jasmine, ma non ha un numero di telefono e nemmeno un indirizzo. Parlando si contraddice, sostiene di averla sentita la mattina precedente e di avere avuto rassicurazioni sul fatto che Diana stesse bene.

Agli inquirenti, Angelo Mario conferma che Alessia è stata con lui in quei giorni: è entrata a casa sua verso le nove di sera di giovedì con l'idea di fermarsi fino a lunedì.

Lo ha informato che Diana era al mare insieme a sua sorella. Lui ci ha creduto, perché ogni volta che Alessia si trasferiva a Leffe per il weekend lasciava la bambina con Viviana o con la babysitter.

Quando gli chiedono il motivo per cui Alessia non portasse la figlia da lui, risponde di avere subìto quella scelta. «Mi diceva che preferiva venire senza di lei, così "respirava".»

Viviana smentisce di avere tenuto la nipote: i rapporti con Alessia sono molto tesi e non la sente da mesi.

Alessia ha raccontato una bugia anche alla madre: si sono parlate proprio quella mattina e lei le ha detto di essere in auto con Diana, di rientro da Leffe.

Alessia è stata smascherata. Decide di rimediare con delle dichiarazioni spontanee, in cui confessa di avere lasciato Diana a casa da sola. Con un biberon di latte.

«Giovedì scorso, 14 luglio, verso le 18.55, ho lasciato la mia abitazione per andare a far visita al mio compagno a Leffe. Per raggiungere la sua abitazione ho utilizzato un autista privato, prenotato tramite internet. Prima di andare via ho fatto mangiare mia figlia Diana. L'ho lavata e cambiata, e l'ho messa nel suo lettino da campeggio, lasciandole vicino un biberon di latte.» Sopra il pannolino l'ha vestita con un abitino giallo senza maniche, con un fenicottero rosa sulla pancia.

«Pensavo di rientrare il giorno successivo.» Ma si è trattenuta di più perché voleva «ricucire il rapporto».

«Al mio compagno ho detto che la bambina era al mare con mia sorella Viviana, che è l'unica persona ad avere una copia della chiave del mio appartamento. Non ho detto a nessuno che la bambina era rimasta a casa da sola perché non ho buoni rapporti con mia sorella, e le mie amiche non volevano che riallacciassi la relazione con il mio compagno.»

Fa una precisazione: «Non è la prima volta che lasciavo a casa da sola mia figlia, ma è successo già che nei weekend precedenti sono andata via da casa il venerdì sera e sono rientrata il lunedì mattina per andare dal mio compagno, lasciando mia figlia chiusa a chiave dentro casa con due biberon di latte».

Restituisce dei particolari sul momento in cui ha trovato Diana. «La bambina era sdraiata a pancia in aria, con le gambe un po' divaricate e senza pannolino.» Il pannolino era sul letto matrimoniale, sporco. Lei lo ha raccolto e buttato via. «Ho notato che aveva la bocca aperta con le labbra viola, le mani e i piedi viola, e gli occhi aperti. Mi sono spaventata, l'ho presa in braccio e l'ho scossa, dandole anche dei leggeri colpi dietro la schiena. Ho preso una bottiglietta d'acqua dal frigorifero e gliel'ho spruzzata in bocca, ma ho visto che non reagiva. A quel punto l'ho portata in bagno e le ho bagnato le mani ed i piedi. L'ho rimessa nel lettino e ho provato a farle la manovra che si effettua in caso di soffocamento, ma quando ho visto che non dava segni di vita, sono uscita di corsa e sono andata a bussare ad una signora che abita nel palazzo di fronte al mio, chiedendole aiuto.»

Infine, aggiunge che Diana non era vivace come al solito quando lei è partita per Leffe. «Pensandoci bene, giovedì scorso prima di uscire, verso le 18.55 mi sono avvicinata al lettino dove mia figlia era sdraiata a pancia in su con gli occhi chiusi e dormiva da mezzogiorno. L'ho accarezzata sulla fronte e mi sono accorta che non si è mossa per niente, a differenza delle altre volte che appena mi avvicinavo per accarezzarla si tirava su in piedi nel lettino.»

La bambina non stava bene, ma lei l'ha lasciata comunque. «Sono uscita di casa e ho raggiunto il mio compagno Mario, rientrando a casa mia stamattina.»

Sono le ventitré di quello stesso mercoledì, quando Alessia Pifferi si siede di fronte al pubblico ministero Francesco De Tommasi per il primo interrogatorio. Ha i capelli raccolti, indossa una minigonna bianca e un top giallo da cui spunta il reggiseno. Tiene le gambe accavallate e le mani incrociate su un ginocchio. Non si dispera, non piange. Non ha nemmeno gli occhi lucidi. Eppure, sua figlia è morta di stenti. Ed è stata lei a rinvenire il cadavere.

La prima parte del racconto è sul parto inaspettato e sulla relazione con Angelo Mario, fatta di momenti sì e di momenti no dall'agosto 2020 al gennaio 2022.

«Negli ultimi mesi le cose non andavano bene perché lui diceva che io ero troppo gelosa.»

Lei ha finto di essere una **PSICOLOGA INFANTILE**. E con la scusa dello smart working si faceva prestare il suo computer «per controllarlo». Per verificare le sue attività nei siti di incontri a cui era iscritto.

«La causa della crisi, quindi, non era la bambina, ma il rapporto tra voi due?» le domanda il PM.

«Sì.» Alessia definisce «regalo di Natale» il fatto che Angelo Mario abbia espresso l'intenzione di lasciarla il 23 dicembre 2021, per poi riportarla a casa a Milano dopo l'Epifania.

Descrive i cinque mesi successivi come un periodo complicato. Un'interruzione, in cui lei si rende conto di quanto sia difficile vivere da sola con una bambina piccola, senza soldi, senza un lavoro, senza una persona cara vicino. I duecento euro che la madre le invia ogni mese e il bonus che riceve dallo Stato per la figlia le garantiscono appena la sopravvivenza.

«Essere una ragazza madre mi pesava. Probabilmente avvertivo l'esigenza di avere spazi per me e mi sentivo stanca.»

Per qualche settimana le dà una mano Giusi, che la aiuta con Diana e con le faccende domestiche in cambio di un posto letto. Ma solo finché non trova un impiego stabile e remunerato.

Nel frattempo, lei ricomincia a usare le app di incontri per conoscere altri uomini. Qualcuno di loro cerca sesso e rapporti occasionali, con qualcun altro tenta di progettare un futuro. Ma, alla fine, nessuna storia sembra funzionare.

È il 2 giugno 2022, quando Angelo Mario la contatta di nuovo. Si vedono all'idroscalo, lei porta Diana con sé. Parlano e decidono di riprovarci, iniziando a frequentarsi nei weekend.

«Andavo via il venerdì sera e rientravo la mattina del lunedì.»

«E sua figlia?» le chiede il PM.

«Era a casa.»

«Lei lasciava sua figlia per un intero fine settimana da sola a casa?»

«Infatti non ero molto... ero sempre molto agitata dentro, perché avevo il pensiero della mia bambina» lo esterna in un bisbiglio. Non mostra tristezza, solo imbarazzo.

Il PM vuole approfondire quella presa di coscienza: «Non ha pensato che fosse pericoloso lasciare una bambina di un anno e mezzo da sola a casa?»

«Sì.»

«Lo ha pensato questo? Ne era consapevole?»

Alessia annuisce.

«In che stato trovava sua figlia quando rientrava dopo il weekend? Fisico? Psichico?»

«Fisico, io l'ho sempre trovata abbastanza bene.»

«Abbastanza bene? Era pulita?»

«La lavavo subito, la cambiavo subito... appena arrivavo a casa.»

«In sua assenza la bambina piangeva? Nessun vicino l'ha mai sentita piangere?»

«Nessuno mi ha mai detto niente. La bambina piangeva solo quando stava male.»

«Ma come faceva a mangiare?»

«Quando andavo via le lasciavo sempre due biberon di latte, più quattro bottiglie d'acqua... quelle piccole che hanno il beccuccio per bere. Più due di **TEUCCIO**.»

«Due di...?»

«Bottigliette di tè, quello deteinato» chiarisce Alessia.

«Cos'è accaduto giovedì scorso?»

Alessia riferisce che Diana non era in forma, forse per il caldo, «forse per i dentini». Aveva anche «delle piaghe tra le gambine» che le ha «medicato con della pomata Fissan». Si è addormentata verso mezzogiorno, senza mangiare. Alle sei dormiva ancora. Ma lei non ha rinunciato alla partenza e non l'ha portata con sé.

«L'idea era quella di partire il giovedì per poi tornare il venerdì a riprendere la piccola e portarla con me per stare tutti insieme.»

Angelo Mario ha dichiarato che l'intenzione di Alessia era di rimanere da lui fino a lunedì, però. Tanto è vero che aveva con sé due valigie, tra cui un **TROLLEY ROSSO CON TRENTA VESTITI**, almeno. Per serate romantiche, per la festa del paese. Abiti lunghi, corti, tinta unita e fantasia. Di pizzo e di paillettes.

Il PM glielo ricorda.

«Diciamo che questa cosa di stare fuori tutti questi giorni qua non era già stata calcolata, perché avevo preso tanti vestiti non è che era già premeditata. Perché io caratterialmente sono fatta così: quando vado via anche solo un weekend, ho l'abitudine di portarmi dietro tutto.» Alessia sostiene che lei è solita cambiarsi più volte al giorno e che la maggior parte dei vestiti li ha acquistati in negozi cinesi per venti o trenta euro al massimo.

«Venerdì è ritornata?»

«No.»

«Perché?»

Alessia non risponde.

«Quando è tornata?» la incalza il PM.

«Stamattina.»

«Mi spiega perché ha deciso di comportarsi così? Invece di portare subito sua figlia con sé?»

Lei abbassa lo sguardo, in evidente difficoltà.

«Riesce a rispondere a questa domanda? Non si è preoccupata per sua figlia?»

«Quando ho lasciato mia figlia da sola a casa non ero tranquilla, perché sapevo di fare una cosa che non andava fatta.»

«Perché non andava fatta?»

«Perché poteva succedere qualsiasi cosa.»

Le viene chiesto di essere più precisa.

«Sia con il mangiare, nel senso che la bambina poteva non mangiare... o che era da pulire...» oppure «poteva anche venire fuori dal lettino o poteva magari subentrare qualche malessere, un malore... qualcosa così».

«Lei ha pensato che potesse capitare quello che poi è successo?»

Alessia scuote la testa. Il «no» che sussurra si sente appena. «Di portarla anche al punto di morire... no.»

«E tuttavia, è rimasta fuori per tutti questi giorni? Lo aveva pensato in precedenza? Aveva pensato che lasciare sua figlia in casa da sola poteva rappresentare un rischio?»

«Sì.»

«Ciononostante, lei l'ha lasciata a casa da sola per sette giorni. Non le dispiace questo?»

Il pubblico ministero si interroga anche sul motivo per cui nessuno abbia sentito Diana piangere. Durante il sopralluogo nell'abitazione è stato rinvenuto e sequestrato un flaconcino di benzodiazepine. C'è il sospetto che Alessia sedasse la bambina per tenerla tranquilla.

Lei nega in modo categorico: «Non ho mai assunto quelle gocce e tanto meno le ho date a mia figlia». Sostiene che le abbia dimenticate a casa sua uno degli uomini che frequentava, poiché ne faceva uso per dormire.

«Ha mai detto a qualcuno che lasciava la bambina da sola?»

«No.» Alessia ribadisce quanto già affermato in precedenza: al compagno aveva fatto credere che Diana fosse al mare con la sorella. «Avevo mentito perché mi sentivo sempre giudicata da lui.»

«Senta, lei quando è arrivata a casa, che ore erano? E in che stato si trovava sua figlia?»

Ancora senza piangere né mostrare dolore, Alessia fornisce un resoconto particolareggiato sui tentativi messi in atto per provare a rianimare Diana, come se non si fosse accorta del decesso. Le «pacchette sulla schiena», l'acqua sul viso, il massaggio cardiaco.

«Ero nello shock più totale» lo ripete in continuazione. «Ero spaventata», «sono andata subito nel panico». E riconosce: «Ho pensato che, comunque sia, era successa una cosa troppo grave, troppo grossa».

«Che cosa ha lasciato da mangiare a sua figlia?»

«Un biberon, che stamattina ho trovato fuori dal lettino.»

«Ma lei pensava che bastasse un biberon per sfamare sua figlia?» Il tono del PM è severo. «Lei sa che conseguenze può avere l'assenza di cibo e di liquidi, specie con le alte temperature? Conosce le conseguenze del digiuno prolungato in un bambino di un anno e mezzo?»

«Sì.» Le dita che Alessia muove nervosamente esprimono il suo disagio. «A parte la disidratazione, la morte.»

Un'ammissione che peserà in modo inequivocabile nel corso del processo.

Nella stanza c'è anche Marco Calì, dirigente della squadra mobile di Milano. Ha una domanda precisa: «In questi giorni, da giovedì a oggi, lei è mai venuta qui a Milano?»

«No.»

«È sicura?»

Alessia esita, prima di rispondere di sì.

«Neanche con il suo compagno?»

«No, ero solita muovermi con questi autisti per essere libera.»

Lui insiste: «È sicura quindi che non è mai venuta a Milano?»

«No, non sono venuta.»

Una volta chiusa la registrazione, Alessia ritratta.

«Diversamente da quanto ho appena riferito, ricordo che, in effetti, lunedì scorso sono venuta a Milano con il mio compagno. Ma non sono passata da casa mia.»

Anche questo elemento risulterà decisivo ai fini della sentenza.

A interrogatorio terminato, il pubblico ministero la informa sulla situazione: «Signora, io le devo dire che, insomma, questo fatto che è successo è molto grave. Quindi, lei stasera non può tornare a casa».

Lei fa un cenno con la testa, il volto sembra incupirsi.

«Penso che sia consapevole di questo.»

Alessia lo guarda, un po' dubbiosa e un po' in attesa.

«Lei deve andare in carcere, perché è un fatto molto, molto grave.»

«Sì, lo so.»

Due giorni dopo, il 22 luglio 2022, durante l'interrogatorio reso nell'udienza di convalida del fermo davanti al giudice per le indagini preliminari, Alessia Pifferi conferma le dichiarazioni già agli atti. Conferma di essere uscita da casa la sera di giovedì 14 luglio e di essere rientrata la mattina di mercoledì 20 luglio. E di essere passata da Milano con il compagno lunedì 18 luglio.

Conferma anche di avere trascorso gli ultimi weekend di giugno e i primi di luglio da lui a Leffe, senza la figlia. Alcune volte si tratteneva fino a lunedì mattina. Lasciava Diana nel lettino con due biberon di latte, due bottigliette di acqua e due di teuccio. Al ritorno trovava sempre i biberon e le bottigliette d'acqua vuoti.

L'interrogatorio si concentra su lunedì 18 luglio, quando lei accompagna Angelo Mario a Milano. Lui ha un appuntamento di lavoro e lei lo aspetta sul furgone. Sono d'accordo di fare colazione insieme.

«Quando lui è arrivato, ha detto che aveva già preso il caffè con il signore dell'appuntamento, io ci sono rimasta male e abbiamo discusso. Prima di questa discussione, io avevo pensato di utilizzare questo passaggio a Milano per passare a prendere la bambina, ma dopo la discussione non l'ho fatto. Anzi, dopo la discussione, all'inizio lui ha detto che mi avrebbe riaccompagnata a casa, poi però ho visto che mi prendeva la mano e che si dirigeva verso Leffe, lì ho capito che saremmo tornati a casa sua e non ho detto niente.»

Non gli dice niente, per non dovere ammettere di avergli mentito, dato che gli ha raccontato che Diana è al mare per una settimana.

«In realtà, ho avuto paura a chiedergli a quel punto di rientrare a casa mia, anche perché avrei dovuto dirgli della bambina e avevo paura di un'altra sua reazione, come quella della discussione di poco prima.»

Ancora una volta le viene domandato se non fosse preoccupata per la figlia. Era a Milano, perché non sfruttare l'occasione per andare a casa a verificare le sue condizioni di salute?

«A questo punto, essendo la bambina sola da quattro giorni, mi è venuto in mente che avrei potuto trovarla morta al rientro, ma ho pensato... mi sono augurata che non succedesse. Non ho chiamato nessuno perché l'unica ad avere la chiave di casa era mia sorella con la quale non ho buoni rapporti, quindi sono stata zitta. A questo punto, io avevo paura che la bambina potesse morire... dall'altra parte però avevo anche paura sia della reazione del giudizio negativo di mia sorella, sia della reazione del mio compagno. Se ora ci ripenso, la mia percezione è che quelle due paure avessero pari forza, senza che una prevalesse sull'altra.»

Il giudice le fa notare che una scelta l'ha fatta: nel suo comportamento, la paura per le possibili reazioni negative del compagno e della sorella ha prevalso sulla paura che Diana potesse morire.

Alessia non fiata. E annuisce, quando le viene chiesto se avesse considerato che il caldo anomalo di quei giorni avrebbe potuto aumentare il rischio di morte per la bambina.

«Mi auguravo che non succedesse. Questo augurio nella mia mente un po' era una specie di speranza, un po' un pensiero che magari le cose che le avevo lasciato le bastassero.»

Il giudice la porta anche a riflettere su come sia «radicalmente cambiato» il suo atteggiamento nei confronti della figlia: da molto premurosa a noncurante.

Lei attribuisce la colpa al suo bisogno di consolidare la relazione con Angelo Mario per «sistemarsi» in modo definitivo.

«Io ci contavo sulla possibilità di avere un futuro con lui, e infatti era proprio quello che in quei giorni stavo cercando di capire, è per questo che ho ritenuto cruciale non interrompere quei giorni in cui ero con lui... anche quando ho avuto paura che la bambina potesse stare molto male o morire.»

Se quel lunedì Alessia fosse passata da casa, avrebbe trovato la figlia ancora viva.

Diana si sarebbe potuta salvare.

La conferma che arriva dall'autopsia rende ancora più doloroso l'epilogo di questa storia già di per sé drammatica.

Diana è deceduta tra il pomeriggio di lunedì 18 luglio e le primissime ore di mercoledì 20 luglio. Forse, sarebbe stato sufficiente che Alessia tornasse la sera precedente, per strapparla alla morte.

La causa del decesso è riconducibile a un quadro di «disidratazione spiccato». Una gravissima e prolungata assenza di acqua e di cibo, acuita dalle temperature di quei giorni, che a Milano hanno sfiorato i quaranta gradi.

Diana era in casa con le finestre chiuse e senza aria condizionata. Ha patito la sete, la fame, il caldo. La solitudine, la mancanza di cure. Tuttavia, ha resistito e combattuto fino all'ultimo. Fino all'ultimo ha aspettato la madre... in un'agonia che non riesco, non voglio nemmeno immaginare.

Quanto avrà pianto? Quante volte avrà chiamato «mamma»? Quanti e quali mostri avrà incontrato nelle ore più buie? E nei miraggi dell'afa?

Una cosa è certa. Si è aggrappata alla vita con quella bocca e quelle manine che la morte ha colorato di viola. Ha cercato di sopravvivere mangiando ciò che poteva. Ciò che aveva.

E aveva solo il **PANNOLINO**.
Nel suo stomaco ne sono stati rinvenuti i brandelli.

In seguito all'interrogatorio di Alessia Pifferi reso in udienza di convalida, il 23 luglio 2022 il giudice per le indagini preliminari Fabrizio Filice convalida il fermo e applica la misura cautelare della custodia in carcere. Ma esclude l'aggravante della premeditazione contestata dal pubblico ministero.

La ricostruzione del fatto, e quindi del reato, viene considerata estremamente analitica e connotabile «non solo in termini di gravità indiziaria, ma proprio in termini di certezza processuale» poiché convergono le risultanze obiettive, quelle testimoniali e la confessione dell'indagata, «senza che residui alcun margine di ragionevoli dubbi in ordine a una possibile ricostruzione alternativa degli eventi». In altre parole, la situazione è chiara sia per quanto riguarda la condotta di Alessia, sia per quanto riguarda il percorso causale che ha portato alla morte di Diana.

Il GIP giudica il comportamento di Alessia «del tutto consapevole»: in più occasioni aveva già lasciato la figlia da sola a casa per periodi di quarantotto ore, allo scopo di trascorrere i weekend con il compagno. «Giovedì 14 luglio ripete la stessa condotta ma, questa volta, protraendola per ben sei giorni, pari al triplo del periodo sperimentato.» A Leffe arriva un giorno prima del solito e informa Angelo Mario che si fermerà fino a lunedì: ha con sé con due valigie e più vestiti di quando si tratteneva solo per il fine settimana. Racconta al compagno che la bambina è con Viviana, e alla madre che è con lei a Bergamo. «Così abbatte qualsiasi realistica possibilità che qualcuno possa sospettare quanto sta accadendo e avvisare la sorella Viviana di precipitarsi a casa dell'indagata.» Non solo, lunedì 18 luglio accompagna Angelo Mario a Milano per un appuntamento di lavoro «ma non sfrutta la circostanza per passare da casa a vedere in quali condizioni si trovi sua figlia perché, come ha espressamente dichiarato, è troppo intenta a preservare quella relazione già in crisi, e non vuole creare altri momenti di tensione».

Valorizzando le affermazioni di Alessia, il GIP reputa che lei sia «passata da uno stato iniziale di superficiale incoscienza, probabilmente suffragato dal fatto che le scorse volte in cui aveva commesso un'analoga condotta per quarantotto ore non era successo nulla di irreparabile, a uno stato di consapevolezza molto più profondo che l'ha portata a ritenere praticamente certa, o altissimamente probabile, la morte della bambina».

Il lunedì «lei si prefigura esattamente la più che concreta eventualità che la figlia sia morta o stia morendo», ma con un processo mentale, che lei stessa restituisce in modo trasparente attraverso le sue dichiarazioni, «la soppesa con la paura di introdurre un nuovo, e significativamente più grave, elemento di tensione con il compagno, magari tale da compromettere per sempre quel precario equilibrio che entrambi stavano ricercando». A questo si aggiunge «la paura, e soprattutto l'orgoglio, di non chiedere aiuto alla sorella Viviana, la quale potrebbe in qualsiasi momento andare nel suo appartamento a soccorrere la figlia, ma che, dopo averla già giudicata così negativamente per il suo stile di vita, le avrebbe riservato un nuovo, e ben più pesante, giudizio negativo e svalutante».

Dunque, Alessia non si limita a prevedere che la figlia possa morire, ma accetta il rischio e lo vuole, pur non perseguendolo come suo scopo finale. Questo è il punto che, secondo il giudice, qualifica il reato come omicidio volontario mediante omissione. Con le aggravanti dovute al rapporto di filiazione e all'avere agito per futili motivi. Mentre viene esclusa la premeditazione.

Anche se non in forma commissiva, Alessia Pifferi ha tenuto «una condotta dall'impatto intrinsecamente ed estremamente violento nei confronti della persona in assoluto più vulnerabile»: sua figlia Diana.

Il 28 ottobre 2022 gli inquirenti fanno ritorno nella periferia sud-est di Milano, nel piccolo appartamento dove Alessia viveva con Diana. La scena è la stessa che hanno cristallizzato il 20 luglio, il giorno del primo sopralluogo. Il tempo sembra essersi fermato. Ai fili sotto le finestre è ancora appesa la biancheria di Diana che Alessia aveva steso ad asciugare.

Salgono le scale e raggiungono il primo piano. La porta si apre su un ambiente composto da due vani e mezzo.

Il caos regna ovunque: bottigliette d'acqua e confezioni semivuote abbandonate in ogni dove, oggetti buttati alla rinfusa, giocattoli nei posti più disparati. Anche la pulizia non è di casa.

Il letto matrimoniale è sfatto, su quello da campeggio in cui dormiva Diana non ci sono nemmeno le lenzuola. Il materassino di gommapiuma è consumato e sporco.

Il frigorifero contiene lattine di birra e avanzi di cibo. Su un piatto c'è quel che rimane di un'**ARAGOSTA**.

Ad attirare l'attenzione è la mancanza di alimenti per bambini: niente pappe, pastine, merende. Neppure un biscotto.

Il biberon che è stato repertato, quello con il latte che Alessia aveva lasciato a Diana per sei giorni, è di 130 ml. Un **BIBERON TROPPO PICCOLO**, anche per uno solo dei pasti giornalieri.

Sul divano sono ammucchiati gli abiti che Alessia aveva nel trolley rosso con il quale si era recata a Leffe. Ce n'è uno da gran sera appeso alla doccia, accanto ai ganci che reggono decine di collane e braccialetti.

Invece, non ci sono vestitini di Diana.

La presenza di una bambina fra quelle mura è raccontata solo dai peluche stipati nel bidè.

Tutto il resto, dall'aragosta ai capi di abbigliamento vistosi, racconta di una donna che ha continuato a sperare in una vita da favola.

Con il sogno di quella vita, Alessia aveva pensato di sedurre anche Angelo Mario.

Torniamo a luglio 2022. Alessia e Angelo Mario hanno ricominciato a frequentarsi da un mese e lei non vuole perderlo più. Così, decide di regalargli una serata indimenticabile.

Ma la serata che ha in mente è costosa, molto più di quanto lei possa permettersi.

Il 5 luglio 2022 inizia a darsi da fare per racimolare il denaro necessario. È disposta a tutto. Anche a prostituirsi: c'è un conoscente che si è offerto di organizzarle incontri a pagamento con altri uomini, in cambio di sesso gratuito per sé.

«Se vuoi possiamo fare qualcosa a tre» risponde Alessia con un messaggio su WhatsApp. Chiede cento euro. Ed è pronta ad accettare qualsiasi pretesa.

«Mi lavi tu intimamente?»

«Sììì.»

Ma quei cento euro non le risolvono il problema. Allora scrive di nuovo all'uomo che le gestisce gli appuntamenti.

«Prova a chiedere se vuole passare la notte con me mi dà trecento euro.» Con un messaggio successivo aggiunge: «È che domani se non pago quelle cose sono nella cacca. E ho la bambina piccola».

Si rende conto che ci possono essere anche altri modi

per raccogliere soldi. Per esempio, un **FINTO BATTESIMO** per Diana. Recupera delle bomboniere, una coccinella su un quadretto e un **CONFETTO ROSSO** tra confetti bianchi, poi contatta tutte le persone che ritiene possano contribuire al suo scopo.

Un'amica racconta di averle consegnato una busta con del denaro e di averle detto che sarebbe stata contenta di ricevere le fotografie della festa.

«Sì, adesso appena mi gira le foto, perché col telefono ne abbiamo fatte poche» replica Alessia in un vocale, proseguendo con la farsa e lasciando persino intendere la partecipazione di un fotografo. «Comunque, è andato tutto bene, tutto splendido, tutto perfetto. Tranne come sempre la mia famiglia di qua, fortunatamente non li ho voluti... cosa vuoi che ti dico, sempre il solito schifo di qua.» E conclude, dando voce ai propri desideri: «Mi auguro con tutto il cuore che con lui adesso le cose possano funzionare alla grande, come sembra che stanno andando».

È il 7 luglio 2022. Alessia ha messo insieme i soldi e non vede l'ora di «stupire» Angelo Mario. Si trucca in modo sensuale, carica la bocca di rossetto rosso ed esce di casa. Dopo avere lasciato Diana da sola nel lettino.

La serata speciale che ha organizzato prevede un viaggio in **LIMOUSINE** con dello spumante e una cena romantica in un ristorante in riva al lago di Endine.

Prima di avviarsi, si siede in posa sul sedile posteriore e si fa scattare una fotografia dall'autista: indossa un abito morbido a fiori, un coprispalle azzurro in tinta con la cintura, dei sandali alti di corda. La invia al compagno: «Partiti».

Al ristorante mangiano pesce e brindano con del buon vino.

Alessia ha incaricato l'autista di raccomandare «discrezione» ai camerieri e di pagare la cena.

Quella sera il suo sogno di vivere come una principessa si è trasformato in realtà con cinquecentotrentasei euro: trecentottanta per la limousine e più di centocinquanta per la cena.

«Chi te l'aveva messa in testa la limousine? Te lo ricordi?» le chiederà la sua avvocata durante il processo.

«Era stato un desiderio mio, un sogno mio... ho creduto in questa cosa con Mario. Sì, ci ho creduto.»

La mattina dopo Alessia rientra a Milano e riparte per Leffe la sera stessa. Sempre senza Diana.

Per ogni trasferimento si avvale di un autista, con cui ha concordato la cifra di cento euro a viaggio, duecento andata e ritorno. Una spesa che non riesce a sostenere e che tenta di dilazionare accampando scuse su scuse. All'autista manda addirittura una foto di Diana nuda per mostrargli le piaghe che ha sul corpicino, dicendo di doversi affrettare al pronto soccorso e di non avere tempo per fargli pervenire il denaro.

Le piaghe sulle gambe di Diana c'erano davvero, Alessia aveva inviato una foto anche alla madre, ma al pronto soccorso non l'ha mai portata nessuno.

È lo stesso autista ad accompagnare Alessia a casa la mattina di mercoledì 20 luglio e a rivelare che lei gli aveva chiesto di tornare a riprenderla alle diciotto: dopo sei giorni lontano dalla figlia, Alessia aveva deciso di fermarsi a casa poche ore, per correre di nuovo a Leffe.

Ma alle diciotto la via è assediata da giornalisti e curiosi. L'autista si informa su cosa sia successo, qualcuno gli risponde che è morta una bambina.

«Non trasmette particolare emotività e affettività verso la vittima.» È una delle prime annotazioni scritte sul diario clinico della casa circondariale di Milano San Vittore.

Appena entra in carcere, Alessia viene sottoposta a una valutazione psicologica di ingresso. Esordisce confessando di «avere fatto una cosa che non doveva fare» e prosegue narrando la sua vita e quanto capitato. «È come se i fatti appartenessero a un'altra persona» appunta la psicologa. «Quando parla della bambina, parla delle cure primarie che le riservava: cibo, bagnetto, vestitini. Non riesce a raccontare di cose fatte insieme o di momenti in cui provava vicinanza emotiva.» Mentre «quando parla del compagno, ne parla come se fosse "telecomandata da lui"».

Il 25 luglio 2022, durante il secondo colloquio Alessia si esprime «in terza persona, per poi parlare in prima persona pur sembrando, sovente, che stia parlando di fatti accaduti a terzi».

Il 28 luglio piange per la prima volta, facendo trasparire dolore. Dichiara «che più passano i giorni, più le vengono in mente i momenti belli trascorsi con la bambina "che era la sua principessa". Vorrebbe avere una bacchetta magica per tornare indietro».

Il giorno successivo le psicologhe rilevano «un senso di solitudine», rispetto al quale Alessia «alterna sentimenti di rabbia verso i familiari ed il compagno, da cui si sente abbandonata, a momenti in cui appare maggiormente consapevole e disposta ad accettare le loro reazioni».

Nell'incontro del 30 luglio la percezione è «che la signora sappia bene che la figlia è morta, ma non abbia la consapevolezza che è morta per colpa sua».

Per tutto il mese di agosto Alessia pare «polarizzata su sé e sui suoi bisogni», tanto da fare «ipotizzare una difficoltà nella metacognizione: la paziente appare scarsamente in grado di decentrarsi e percepire le emozioni ed i pensieri altrui, come distinti dai propri».

A settembre Alessia chiede di fare un test di gravidanza, sebbene abbia avuto il ciclo due volte. Sostiene di avere avvertito un «movimento incongruo». Viene accontentata e il risultato è negativo.

Il 5 ottobre le psicologhe constatano: «Il punto dolente e critico resta il fatto che è consapevole che potrebbe prendere una condanna anche all'ergastolo, ma è ancora presente l'inconsapevolezza di essere stata la causa della morte della figlia. In lacrime dice di non avere voluto che la figlia morisse e che mai l'avrebbe vissuta come un intralcio».

Il 12 ottobre Alessia «riferisce sintomi d'ansia, immagini intrusive, in particolare di quando ha trovato la figlia morta. Tale immagine le torna improvvisamente alla mente di giorno, anche cinque o sei volte all'ora, e la notte la sveglia di soprassalto».

Il 17 ottobre spiega di avere «dei flashback continui che non la fanno dormire e che si presentano anche di giorno. Vede la figlia come era il giorno che l'ha trovata».

Il 22 ottobre si mostra «affranta dalla solitudine in cui versa e paradossalmente dalla mancanza della bambina, che ora sa perfettamente essere stata come il padre deceduto: la sua unica fonte affettiva». Sul diario clinico si legge: «Non ha fantasie autolesive, ma umore deflesso e desiderio di lasciarsi andare».

Il colloquio del 2 novembre porta le psicologhe a fare alcune riflessioni: «La donna non ricercava amanti per il proprio divertimento ma, in modo adolescenziale e anche a tratti ingenuo, sperava di trovare un compagno che potesse amare e proteggere lei ed essere un buon padre per la bambina. Lo scopo di questa ricerca ha a che fare con i vissuti della donna legati a un sentimento di bassissima autostima di sé, e relativi alla sua storia personale di bambina non amata». Dunque, «questa speranza, questo sogno di vita perfetta, potrebbe avere oscurato la sua capacità nel prevedere le conseguenze pratiche del suo gesto. È assolutamente credibile quando dice che amava sua figlia e che non avrebbe voluto farle del male».

Sulla base di queste considerazioni, le psicologhe si interrogano sull'esistenza di un deficit cognitivo.

«Quanto descritto sopra, insieme al dato che la stessa paziente ha fornito in un precedente colloquio di avere avuto l'insegnante di sostegno alle elementari "perché più lenta degli altri bambini", fa ipotizzare un possibile deficit cognitivo che, sommato a qualche possibile trauma emotivo risalente alla prima infanzia, ne limita le risorse cognitive, soprattutto in termini di problem solving e di capacità metacognitive e di coping. Pertanto, si ritiene possa essere fondamentale un approfondimento testistico, sia di valutazione delle capacità cognitive sia un'indagine sul funzionamento di personalità anche in termini proiettivi.»

A novembre Alessia inizia una terapia farmacologica per attenuare gli stati d'ansia e l'umore deflesso, e le viene offerto un percorso ad alta frequenza di incontri con le psicologhe, dai quali sembra trarre beneficio.

Nei colloqui del 26 e del 30 novembre continua a emergere la mancanza di «consapevolezza circa la relazione causa effetto tra l'abbandono e l'esito finale della morte», Alessia pare «ancora assolutamente incapace di associare il proprio comportamento con l'esito mortale di tale azione».

E così il 27 dicembre: «Ancora molto lontana dalla consapevolezza della responsabilità del reato. "È una cosa non voluta, non pensata, non immaginata"».

Il 14 marzo 2023 Alessia attribuisce «la colpa dell'inizio dell'abbandono della figlia all'ex compagno. Dice di essere stata usata da lui e che lui le diceva di lasciare la bambina un po' da sola. Lui non avrebbe voluto la bambina in camera».

Due settimane più tardi, le psicologhe definiscono Alessia «estremamente manipolabile» e tornano a evidenziare la necessità di una valutazione testistica: «Si continua a ritenere necessaria la somministrazione di un test intellettivo per valutarne almeno le capacità cognitive che sembrano veramente inficiate da un deficit. La donna non è in grado di formulare un pensiero autonomo né tenere fede a quanto precedentemente deciso e magari concordato».

Usano una frase che rende bene l'idea: «È come acqua che prende la forma del contenitore nel quale è versata».

Lo sottolineano ancora il 30 marzo: «Appare importante potere somministrare un WAIS anche per avere qualche dato oggettivo che ci consenta di valutare al meglio i prossimi obiettivi».

Nel frattempo, è stata fissata al 27 marzo 2023 la prima udienza del processo davanti alla Corte d'Assise di Milano, dopo la richiesta di giudizio immediato, procedimento speciale caratterizzato dall'assenza dell'udienza preliminare, formulata dai PM Francesco De Tommasi e Rosaria Stagnaro. La procura ha deciso di contestare anche l'aggravante della premeditazione, sebbene esclusa dal GIP. Alessia Pifferi deve rispondere di omicidio volontario aggravato dalla premeditazione, dai futili motivi e dall'avere commesso il fatto contro la propria figlia minorenne. Nel corso della prima udienza, il presidente della Corte, Ilio Mannucci Pacini, rinvia all'8 maggio 2023 per permettere ad Alessia Pontenani, il nuovo legale dell'imputata, di studiare gli atti. In quella stessa sede, la madre e la sorella di Alessia si schierano contro di lei e si costituiscono parti civili al processo.

Nel carcere di San Vittore le psicologhe e psicoterapeute Paola Guerzoni e Letizia Marazzi sottopongono Alessia Pifferi a una valutazione cognitiva, «poiché dall'osservazione psicologica della paziente, le psicologhe che seguono la signora hanno rilevato l'opportunità di definirne il profilo cognitivo». La valutazione viene svolta il 28 aprile 2023 mediante un colloquio clinico e la somministrazione del test WAIS IV.

La loro relazione è datata 3 maggio 2023.

«Al colloquio e al test, la paziente si è mostrata lucida, curata nella persona, ma estremamente povera nel linguaggio, concreta nei nessi logici, fatica a comprendere appieno le domande poste.»

La scala di intelligenza **WAIS IV** è finalizzata alla rilevazione del quoziente di intelligenza (QI). Misura la capacità cognitiva globale attraverso una serie di indici compositi che valutano le competenze nelle varie aree cognitive: comprensione verbale, ragionamento visuo-percettivo, memoria di lavoro e velocità di elaborazione. Sia il QI sia gli indici compositi sono formati da subtest, i cui punteggi ponderati contribuiscono alla valutazione complessiva.

«La signora riporta un quoziente intellettivo totale di 40, pertanto di livello estremamente inferiore alla media.»

Il QI descrive il livello cognitivo totale di un soggetto e fornisce un'indicazione orientativa sulla capacità di risolvere i problemi ordinari della vita quotidiana e di svolgere compiti di tipo intellettuale.

Un **QI di 40** denota una capacità di prestazione inferiore a quella del 99% della popolazione.

Secondo le risultanze dei subtest, tutti gli indici presentano un punteggio bassissimo. Deficitario. Solo l'1% della popolazione ottiene dei punteggi tanto insufficienti.

Marcata carenza della capacità di usare il pensiero e il ragionamento nella soluzione di problemi, lentezza di processamento dei dati, inadeguatezza nel raccogliere, organizzare e interpretare le informazioni. Ma anche una ridotta memoria a breve, ossia la difficoltà di tenere operanti i dati appena acquisiti mentre si stanno risolvendo altri problemi. Scarsa velocità di esecuzione e di capacità decisionale.

«Emergono tutte le caratteristiche di una disabilità cognitiva tra il livello medio e il livello grave.»

Le psicologhe scrivono nero su bianco: «Si osserva uno sviluppo lento del linguaggio e dei prerequisiti. Il soggetto non supera un livello elementare nelle acquisizioni scolastiche. È necessaria un'assistenza continuativa per i compiti giornalieri». Considerati il linguaggio sociale povero e la capacità decisionale limitata, «un supporto sociale è necessario» perché «la persona è facilmente manipolabile e plagiabile». Si ritiene possibile «un addestramento all'indipendenza» e a un lavoro semplice ma «con supporto costante».

In sintesi, Alessia non è in grado di badare a sé stessa.

Infine, le psicologhe mettono in evidenza la valutazione importante ai fini processuali: «La signora Pifferi ha scarsa comprensione delle relazioni di causa ed effetto e delle conseguenze delle proprie azioni».

A seguito della valutazione cognitiva svolta presso la casa circondariale di San Vittore, la difesa incarica lo psichiatra Marco Garbarini per una consulenza tecnica di parte. L'esame psichico ha luogo l'8 agosto 2023 e l'approfondimento psicodiagnostico il 21 agosto.

Alessia Pifferi «accede al colloquio curata nell'abbigliamento e truccata ma con aspetti incongrui e poco adatti al contesto. La mimica è ipomobile e scarsamente espressiva, a tratti fatua e inadeguata» scrive Garbarini nella relazione psichiatrico-forense redatta il 10 settembre 2023.

«La comprensione è sufficiente ma non pronta o completa. La coscienza è lucida, integra, orientata nello spazio e nel tempo. La forma del pensiero evidenzia un moderato rallentamento, le idee sembrano emergere a fatica e appaiono generalmente povere e concrete nei contenuti, che non presentano aspetti deliranti tali da compromettere il rapporto di realtà. Le capacità di critica, giudizio e riflessive risultano molto limitate.» Si registra anche una «emotività scarna».

L'approfondimento psicodiagnostico viene eseguito con il Thematic Apperception Test e il test di Rorschach.

Il **TAT** test si basa su una serie di tavole che raffigurano persone e luoghi. Osservandoli, il soggetto deve inventare una storia di fantasia. Da quelle storie si può desumere il funzionamento del pensiero, il rapporto con la realtà, la rappresentazione oggettuale delle relazioni.

Il protocollo del TAT di Alessia rivela una spiccata povertà immaginativa. «La signora Pifferi si è infatti prevalentemente limitata a fornire brevi e scarne descrizioni, per lo più statiche, delle raffigurazioni proposte, una sorta di "fotografia" della realtà, dove gli eventi accadono senza una logica causale» e le relazioni descritte raccontano di personaggi tra loro slegati. «Emerge una dimensione centrata prevalentemente sull'isolamento.»

Il test di **RORSCHACH** è composto da dieci tavole bianche su cui sono impresse delle macchie di inchiostro: cinque monocromatiche, due bicolori e tre colorate. Le macchie sono tutte simmetriche e hanno forme differenti, volutamente ambigue. Attraverso l'interpretazione che il soggetto dà di quelle macchie, è possibile valutare molteplici dimensioni della sua personalità: funzionamento del pensiero, affettività, immagine di sé, emotività, capacità relazionali.

Dal profilo di Alessia «emerge una scarsissima complessità psicologica, indicativa di un pensiero molto semplice, concreto, dotato di limitate capacità riflessive». Le capacità di analisi e sintesi sono al di sotto della norma e le limitate risorse affettive si traducono «in una scarsa capacità di comprendere le sfaccettature dell'esperienza, interna ed esterna, e di fare fronte alla complessità degli eventi».

C'è un ulteriore aspetto giudicato degno di nota: Alessia sembra non percepire correttamente lo scorrere del tempo. «Il funzionamento mentale dalla signora Pifferi appare inoltre caratterizzarsi per una sorta di immobilismo psichico, dove la realtà appare come congelata in uno status quo, senza spazio per una definizione temporale degli eventi, nel quale il presente è l'oggi ma anche il domani.»

Alla luce di quanto riscontrato e integrando tutti i dati raccolti, compresi quelli del test WAIS IV, Garbarini trae una serie di considerazioni psichiatrico-forensi.

Le condensa in una frase, che poi commenta in modo particolareggiato: «La signora Alessia Pifferi è un soggetto affetto da un **DISTURBO DELLO SVILUPPO INTELLETTIVO** di grado moderato».

Alessia ha una disabilità mentale.

«Una rilevante insufficienza intellettiva, la cui reale dimensione può essere riassunta in un vissuto di profonda solitudine, di isolamento da tutto e da tutti, verosimilmente risultato di una famiglia profondamente anaffettiva.» La sola eccezione era rappresentata dal padre, «la cui figura e le cui azioni assumono nei suoi racconti quasi dei connotati magici, di salvezza: “Se ci fosse stato lui, tutto questo non sarebbe successo”».

Alessia «è stata una bambina e una donna incapace di chiedere e ottenere amore e attenzione, con una bassissima autostima, sostanzialmente non in grado di raggiungere una reale autonomia in ogni ambito della vita, sempre necessitante di qualcuno che ne assumesse le decisioni importanti in vece sua».

La sua fragilità cognitiva le ha sempre impedito di «comprendere i sentimenti e i bisogni delle altre persone». Non prova empatia «non perché sia fredda e calcolatrice, ma proprio perché non le è possibile altrimenti».

In questo quadro, diventa «intuibile come la figlia abbia incrementato in lei la percezione della propria inadeguatezza e difficoltà. Percezione che ha avuto sicuramente un peso nel suo atteggiamento nei confronti dell’ex compagno, nella sua accondiscendenza e nel suo timore verso di lui». Garbarini spiega che il tentativo di riavvicinamento ad Angelo Mario «non trae origine da un bisogno affettivo, ma da qualcosa di più primitivo: dalla necessità di un sostegno per fare fronte alle complessità per lei ingestibili della vita, la sua e quella di sua figlia».

Alessia ha cercato di «accontentarlo» in tutto «e perciò anche mentendogli sul luogo dove si trovasse Diana». Del resto, «l’aveva già lasciata altre volte, anche se per periodi minori, e l’aveva sempre trovata che stava bene». Nella sua mente «tutto appare statico, immobile. Come se il presente non potesse non coincidere con il futuro, invece che determinarlo». Quindi, potrebbe non essere stata «in grado di distinguere tra periodi di tre giorni, quattro giorni o una settimana».

Alessia viveva il rapporto con il compagno in «uno stato di tensione e ansietà, condizioni che afferma averle “spento” la mente e che potrebbero chiaramente avere ulteriormente indebolito la sua già fragile capacità di giudizio».

Alla domanda: ma Alessia «non poteva immaginare che comunque la figlia soffrisse per il suo comportamento?»

Lo psichiatra chiarisce che la risposta si trova nei risultati dei test e nella valutazione clinica: «La signora Pifferi difficilmente riesce a immedesimarsi negli stati d'animo e nelle emozioni degli altri». Non lo fa per cattiveria, ma «perché non ne è capace, non ne ha la possibilità».

A fronte di un simile funzionamento mentale, «non stupisce che la signora Pifferi possa avere immaginato di trovare la figlia a casa come l'aveva lasciata, né stupisce come ancora adesso non riesca ad avere consapevolezza dell'effetto delle sue azioni e delle sue omissioni sull'accaduto».

Per Garbarini si configura una seminfermità mentale.

«Queste considerazioni mi inducono quindi a ritenere che al momento dei fatti costituitisi come reato, la capacità della periziata di intendere le conseguenze delle proprie azioni fosse, in virtù del disturbo dello sviluppo intellettivo moderato da cui è affetta, grandemente scemata. A configurare un **VIZIO PARZIALE DI MENTE**.»

Il 13 novembre 2023 la Corte d'Assise di Milano dispone la perizia psichiatrica nei confronti di Alessia Pifferi e conferisce l'incarico a Elvezio Pirfo, specialista in psichiatria e psichiatria forense. Il suo compito è valutare se l'imputata sia capace di partecipare coscientemente al processo, se sia affetta da disturbo mentale, se fosse capace di intendere e di volere al momento del fatto e in quale misura. E se sussista il rischio di pericolosità sociale. Gli viene chiesto anche di rispondere ai quesiti posti dal pubblico ministero, ossia se gli studi già eseguiti sulle capacità cognitive della donna siano conformi ai protocolli e attendibili, con particolare riguardo alle modalità con cui le psicologhe del carcere di San Vittore hanno condotto i colloqui e sono giunte alla valutazione.

Il sostituto procuratore Francesco De Tommasi vuole altresì capire se l'attività svolta dalle psicologhe abbia potuto influenzare, suggestionare o condizionare le dichiarazioni e i comportamenti dell'imputata.

Ai fini della perizia psichiatrica, Alessia viene sentita in tre incontri: il 6 dicembre 2023, il 17 e il 23 gennaio 2024, in presenza del perito e dei consulenti tecnici di parte.

Durante il primo colloquio parla di sé, della propria famiglia, del matrimonio. Si concentra sull'infanzia e racconta quanto già confidato alle psicologhe del carcere: un abuso subito a dieci anni.

«Un conoscente di mio papà era salito a Milano da Palermo, era diventato un amico di famiglia e abusava di me.» Fa nome e cognome dell'uomo, che abitava nella sua stessa via e che ormai non è più in vita. «Alle volte gli portavo delle cose che mia mamma cucinava, e lui approfittava di me... a livello fisico... mi metteva le mani nelle parti intime e mi obbligava a fare delle cose.»

Abusi reiterati per un anno, che lei ha taciuto ai genitori per paura e per vergogna.

L'incontro del 17 gennaio 2024 avviene dopo la somministrazione di una batteria di test neuropsicologici e di questionari, tra cui il **SIMS**, che identifica un'eventuale simulazione di disturbi psichici.

Alessia riferisce di avere affrontato i test senza difficoltà, nonostante siano durati parecchio. Poi il colloquio va ad approfondire il momento del parto improvviso e il rapporto con Angelo Mario. Soprattutto le fughe romantiche, quando Diana veniva lasciata a casa da sola.

«Diciamo che è stato lui a farmi venire in mente questa cosa, perché quando eravamo insieme a Leffe, che c'era la bambina che era già grandina, intorno all'anno, l'anno e mezzo, lui mi propose due o tre volte di lasciarla a casa per andare a fare la spesa.» Si allontanavano per circa un'ora, mentre Diana dormiva.

Elvezio Pirfo le domanda quante volte al giorno mangiasse la bambina e quanto cibo le lasciasse a disposizione quando si assentava per il weekend.

«Le mettevo tre biberon di latte e due bottigliette di acqua, quelle con il beccuccio.»

«Ma la bambina era in grado di prenderle?»

«Sì.»

«Il latte non andava a male? Era estate...»

«Questo purtroppo io non... non lo so... non ci ho mai pensato a questa cosa qui.»

«E il fatto che fosse solo latte? Immagino che la bambina potesse mangiare la pastina, piuttosto che il pollo o la fettina... cioè, il latte poteva bastare?»

«Allora, diciamo che quando ero con quell'uomo, diciamo che aveva il potere... la mia mente si era spenta, come annullata. Nel senso che mi ha fatto perdere la lucidità come mamma.»

«Non era più una mamma?» vuole capire il perito.

«Aveva questo potere, quando lui è rientrato nelle nostre vite, la mia mente si è come spenta, annullata verso la bambina.»

«Il suo compagno le chiedeva della bambina mentre stavate insieme?»

«Mi chiedeva una volta sola e basta.»

«E cosa le chiedeva?»

«Mi chiedeva: "La bambina come sta? Dov'è?" Basta, tutto lì.»

«Quindi, in qualche modo si preoccupava di sapere dove stava la bambina?»

«Sì...»

«E lei perché diceva: "È con mia sorella al mare"?»

«Perché avevo paura di una sua reazione, sapendo che la lasciavo a casa da sola.»

«La reazione rispetto a che cosa?»

«Rispetto a questa situazione.»

«Che cosa avrebbe potuto dire?»

«Del perché magari l'avevo lasciata da sola a casa. Comunque sia, lui aveva un carattere molto forte verso di me... io comunque avevo paura di lui, del suo carattere, del suo modo di essere... Lui non mi ha mai detto: "Andiamo a prendere Diana, che stiamo tutti e tre insieme". Questa frase lui non me l'ha mai detta.» Dopo un attimo, Alessia aggiunge: «Perché, secondo me, lui era interessato a me a scopo solo di sesso. Della bambina lui se ne fregava altamente. Né era preoccupato né si preoccupava».

«Allora, perché lei temeva di essere sgridata da lui per questo?»

«Perché avevo paura di una sua reazione, per il carattere che aveva.»

«Se a lui della bambina non gliene fregava nulla, perché doveva sgridarla?»

«Questo è vero anche questo.»

Pirfo la riporta sul discorso della mente.

«In quelle ore in cui stava con il suo compagno, se ho capito bene, Diana spariva dalla sua mente.»

«Sì.»

«E in che modo spariva dalla mente?»

«Era come se la mia mente si annullava dal ruolo di mamma, quando invece io ero una mamma protettiva, che stava sempre con sua figlia, tant'è vero che mia figlia veniva anche in bagno con me.»

«E perché poi tornava a casa?»

«Tornavo a casa da mia figlia.»

«Quindi, c'era sua figlia nella sua mente?»

«Certo, certo.»

Le viene chiesto di spiegare un aspetto centrale del suo comportamento di quel giovedì: perché abbia lasciato un solo biberon di latte a Diana, mentre le volte precedenti gliene lasciava tre.

«Non lo so, non lo so perché, nella mia mente si è spento qualcosa.»

«Ci aiuta a capire perché la mente si spegne?»

«Non lo so, non ne ho idea di questo.»

«Lei mi sembra una persona presente a sé stessa.»

«Sì.»

«La vedo lucida, anche i ricordi mi sembra che siano dei ricordi precisi, no? Allora, perché si spegne la mente?»

«Perché è come se la mia mente si spegne dal ruolo di mamma.» Alessia continua a ripetere le stesse cose, come un mantra. O come un disco rotto. «Come se si offuscasse dalla bambina, quando io invece la bambina ce l'avevo sempre attaccata, era sempre con me.»

«Lei ci vuole dire che il rapporto con un uomo diventa alternativo all'essere madre?» Lo psichiatra la incoraggia a ragionare. «Lo dico a parole mie, ma è per capirci: una, o è madre o sta con un uomo?»

«No, diciamo che la mia mente si era proprio spenta dal ruolo di essere mamma.»

«Come se non fosse più madre?»

«Esatto.»

«E questo è possibile, secondo lei?»
«Da parte mia è scattata questa cosa.»
«Ma lei perché ha perso sua figlia? Cos'è successo, secondo lei?»
«Perché secondo me sono stata distante troppi giorni e la bambina non aveva sufficiente latte.»
«Se lei fosse un'altra persona, cosa penserebbe di sé stessa?»
«Penso che ho avuto un problema a livello mentale.»
«Quale problema?»
«Il problema che la mia mente si è spenta, si è proprio staccata dal ruolo di mamma.»
«Faccio un po' fatica a comprendere: non è che la nostra mente si accende e si spegne così. Mi aiuta a capire cosa vuole dire per lei? A parole sue.»
«A parole mie, che la mia mente si è offuscata, questo posso dire.»
«Perché in quel momento contava la donna Alessia?»
«Forse sì.»
«È come se lei ci stesse dicendo che non ha un'identità, cioè che lei, a seconda di quello che succede, è Alessia-madre o Alessia-donna, come se fossero separate tra di loro.»
«Esatto.»
«È un po' difficile da comprendere.»
«Però, purtroppo, è la verità.»
«Perché è tornata a casa?» le domanda di nuovo Pirfo.
«Sono tornata a casa per mia figlia.»
«Quindi si è riaccesa la mente?»
«Sì.»
«E cos'è che l'ha fatta riaccendere?»
«Tornare a casa, mentre tornavo a casa.»
«E cosa pensava mentre tornava a casa?»
«Alla bambina.»

«Come la pensava?»

«Alla bambina, e di trovarla... tant'è vero che feci le scale due a due, aprii la porta, perché misi la chiave e non mi ricordo se trovai la porta aperta o chiusa, e andai subito in camera, ma la bambina non c'era... nel senso che non era reattiva come le altre volte che giocava con i giochini. Tentai di rianimarla e la bagnai, anche pensando che fosse solo svenuta. Non pensai che potesse succedere una cosa così.»

Alessia racconta l'accaduto per l'ennesima volta, finché il perito la riconduce al concetto di mente che si accende e si spegne. È su quello che vuole indagare.

«Nel momento in cui parte da casa, la mente è accesa o spenta?»

«Era accesa.»

«Gliel'ho già chiesto, mi scusi se ci torno su, ma è perché quel giovedì sera lei lascia un biberon, invece di tre come le altre volte...»

«Non lo so se la mente era accesa... non lo so...»

«Ci sta dicendo che era una cattiva madre?»

«Non penso di esser stata una cattiva madre, perché comunque mia figlia stava sempre con me, era sempre ben vestita, sempre tenuta ben curata, giocava e rideva tantissimo, fino a che il mio compagno ripiombasse fuori.»

«Però lei ci ha detto che comunque sente la responsabilità del fatto che sua figlia sia mancata.»

«Sì.»

«Quindi è una cattiva madre?»

«Oggi mi sento una cattiva madre.»

«Cos'avrebbe potuto fare?»

«Stare a casa con mia figlia.»

«Però lei sentiva il bisogno di avere un uomo di fianco, se ho ben compreso.»

«Sì.»

«Ha cercato altre relazioni, c'era una sua esigenza precisa.»

«Sì, di cercare un compagno che mi facesse da marito, da papà per Diana... e da papà anche per me.»

Il 23 gennaio 2024 Alessia viene ascoltata per la terza volta.

Nella prima parte del colloquio ribadisce che la mattina in cui ha lasciato Diana era convinta che un solo biberon e una sola bottiglietta d'acqua bastassero: «La mia testa mi ha detto di fare così». E ribadisce anche quanto per lei fosse importante trovare un uomo in grado di darle «stabilità» e «sicurezza».

Poi, Elvezio Pirfo sposta la discussione sul tema del deficit cognitivo.

«Emerge dalle valutazioni e dai test che lei avrebbe un quoziente intellettivo inferiore alla normalità. Cosa pensa di questo? È vero, non è vero...»

«Penso che sia vero, perché comunque da piccola sono sempre stata messa di lato e comunque avevo sempre la maestra di sostegno. Sono andata dalla psicologa da piccolina, quindi penso che ci sia un qualcosa in me che non va.»

«Sì, questo ce l'ha già detto, ma io volevo una sua opinione, mi sembra che lei comprenda le domande che le vengono fatte, risponde in maniera articolata...»

«Adesso come adesso sì, diciamo che ho avuto la possibilità di prendere atto di tutto quello che è successo con le psicologhe.»

«Quali psicologhe?»

«Quelle del carcere.»

«Quindi, mi dice che quello che ci sta dicendo lo ha pensato solo con i colloqui con le psicologhe del carcere? Prima non lo pensava?»

«No. Che io ho preso contatto con la realtà di tutto quello che è successo solo con le psicologhe.»

«Ma io mi riferisco ad una cosa più in generale. Mi sembra che lei, quando io le chiedo delle opinioni della sua vita, abbia delle opinioni ben definite, mi sembra che le abbia chiare le idee in merito, o no?»

«Sì.»

«E questo come sta insieme al fatto che si ritiene che lei abbia delle insufficienze mentali?»

«Non lo so, evidentemente, se lo hanno detto è perché qualcosa avranno trovato in me che non va, penso.»

«Rispetto sempre a questo discorso della sua incapacità, io ho visionato l'interrogatorio che lei ha fatto con il pubblico ministero: mi è parso che lei è riuscita sempre a controllarsi in quell'interrogatorio. L'altra volta ci diceva che era stata pressata... io non l'ho visto questo. L'ho vista sempre ben presente, capace di rispondere alle domande. O è un'impressione sbagliata?»

«Ho risposto perché ero stata messa sotto pressione. Sono stata quasi dieci ore sotto interrogatorio con un agente che continuava a mettersi vicino a me con una sedia e... come si dice... per farmi pressione, quindi ho dato le risposte che volevano sentirsi dire loro.»

«Mi riferivo al fatto che non l'ho vista agitata o preoccupata.»

«Diciamo che sono una ragazza che, alle volte, se è preoccupata non lo dà a vedere.»

L'incontro prosegue e il perito insiste su alcune dichiarazioni. Ci sono dei nodi che intende sciogliere.

«Perché non le è mai venuto il dubbio che la bambina potesse stare male?»

«Perché la mia testa era come spenta da quel lato, da quel punto di vista come mamma.»

«Quale testa era accesa in quei giorni?»

«La testa da donna.»

«Ma se raccontassero a lei una cosa così, lei che opinione si farebbe? Com'è possibile che una testa si possa spegnere per un tempo così lungo?»

«Perché evidentemente c'è stato qualche problema a livello mentale.»

«Quindi, secondo lei c'è una malattia mentale che crea questo?»

«Una cosa psicologica che magari mi abbia fatto fare questa cosa.»

«Ma è una malattia, secondo lei?»

«Secondo me, sì.»

«Che malattia mentale sarebbe?»

«Non lo so... un blocco psicologico.»

«E questo lo ha capito sempre dai colloqui che ha fatto, oppure lo pensava prima?»

«No, questo l'ho capito nei colloqui che ho fatto con le psicologhe. Le mie psicologhe, comunque sia, mi hanno aiutato a prendere contatto con la realtà, assolutamente non mi hanno mai imposto di dire o non dire cose... assolutamente.»

«Questo perché lo sottolinea?»

«Perché è la verità e voglio dirlo.»

«Ma chi le ha posto il dubbio?»

«No, no, è una cosa mia personale, che mi sento di dire.»

È il turno dei consulenti di parte, e lo psichiatra Marco Lagazzi, consulente tecnico della procura, prende la parola.

«Viene spontanea una domanda: in cinque giorni, lei avrà consumato cibo, come tutti, tre volte al giorno, quindici pasti... non le è mai venuto in mente, mentre mangiava, che la bambina aveva un solo biberon?»

«Diciamo che quando ho lasciato la bambina, come

ripeto, nella mia testa pensavo che quel biberon potesse bastare.»

«E prima che si spegnesse la testa, la bambina quante volte al giorno mangiava?»

«No, mangiava, era svezzata e in più prendeva anche il suo biberon di latte prima di addormentarsi. Mangiava di tutto mia figlia: colazione, pranzo e cena. E in più, prima di metterla nel lettino aveva il suo biberon. Purtroppo, in quel momento non mi è venuto in mente niente di tutto questo.»

Pirfo la invita a fornire una descrizione di sé stessa.

«Diciamo che mettere di lato quello che è successo non si può assolutamente, mi descriverei una persona instabile, che ha dei problemi e deve fare un percorso psicologico, instabile psicologicamente, sento di aver bisogno di un aiuto psicologico.»

«Lei pensa che sia superabile quello che è successo?»

«Non lo so questo, penso sia una cosa che non mi abbandonerà mai.» Alessia ha un istante di esitazione: «Ci penso spesso... che mi sento una cattiva mamma».

Le viene suggerito di esternare ciò che prova.

«Dolore, molto dolore. Molto dolore, molta rabbia verso me stessa.»

Il consulente della procura è interessato a comprendere meglio il rapporto con le psicologhe del carcere.

«Conferma che tutti i colloqui con le psicologhe sono stati fatti dietro sua domanda scritta?»

«Alle volte facevo domandina scritta, alle volte mi chiamavano loro.»

Pirfo decide di andare a fondo: «Durante questo periodo in carcere, le hanno mai detto che una delle ipotesi per cui la visitavano era fare delle domande per avere diritto a qualcosa?»

«Mi è stato detto quasi alla fine.»

«Che cosa?»

«Di fare questa domanda per l'invalidità.»

«Chi glielo ha detto?»

«Me l'ha detto sia la dottoressa che le psicologhe.»

«Ma, "alla fine" che vuole dire? Se ci potesse dare un periodo...»

«Gli ultimi tempi, qualche mese fa, dopo l'estate.»

«E perché l'invalidità civile?»

«Perché hanno fatto dei test dove hanno constatato delle problematiche cognitive.»

«Quindi i test che le hanno fatto, secondo lei, secondo quello che le hanno detto, erano legati a questa domanda di invalidità civile? O hanno fatto prima i test e poi le hanno detto questa cosa?»

«Prima ho fatto i test, e poi mi hanno detto questa cosa.»

La perizia psichiatrica firmata da Elvezio Pirfo il 23 febbraio 2024 è composta da centoventisei pagine.

Come primo passo e sulla base degli elementi analizzati, il perito risponde ai dubbi espressi dal pubblico ministero sulle modalità seguite dalle psicologhe del carcere per valutare Alessia Pifferi e sulla possibilità che il loro operato abbia influito sul suo comportamento.

Dai colloqui e dal diario clinico non emergono né rischio suicidario né episodi depressivi acuti, ma solo una condizione di disadattamento rispetto alla situazione detentiva. Niente di una gravità clinica tale da rendere indispensabile l'intervento contemporaneo di due psicologhe e con tempistiche stringenti, «a volte quattro o cinque colloqui a settimana e non tutti richiesti dalla detenuta». Le stesse considerazioni riguardano la decisione di somministrare il test WAIS.

«Tenuto conto dell'inquadramento organizzativo e disciplinare dell'attività psicologica svolta nei confronti dell'imputata presso la casa circondariale San Vittore, è possibile sostenere che la quantità di colloqui effettuati e la scelta di somministrare dei test psicodiagnostici risulta clinicamente "non appropriata" alla luce della sola sintomatologia disadattativa rilevata e dell'allocazione delle risorse professionali disponibili presso l'istituto stesso.»

È parere del perito che «il test WAIS IV così somministrato possa non essere rappresentativo delle capacità cognitive della persona esaminata», poiché mancano approfondimenti specifici, necessari per una corretta attribuzione del punteggio. Pertanto, la valutazione testistica da cui deriva l'ipotesi di una disabilità intellettiva non è attendibile.

Non solo, «nel corso dei colloqui peritali la signora Pifferi ha spessissimo usato termini psicologici e spiegazioni psicodinamiche dei suoi comportamenti che sono risultati incongrui rispetto al proprio grado di acculturazione e, molto probabilmente, "appresi" nel corso dei colloqui psicologici avuti in carcere». Viene portato l'esempio dell'acronimo REMS pronunciato da Alessia, per indicare il luogo in cui lei si è figurata di potere «andare come paziente psichiatrica».

Dunque, secondo Pirfo è ragionevole «sostenere che, nel percorso già descritto come non appropriato, possa esserci stato un progressivo "apprendimento" da parte dell'imputata di termini e modalità tecniche» che ha via via modificato la sua narrazione spontanea.

E se la narrazione non è spontanea ma costruita, significa che Alessia dispone di «capacità di ascolto, comprensione e astrazione che risultano dissonanti rispetto all'inquadramento di una disabilità mentale».

Nessuna disabilità intellettiva.

«Il funzionamento mentale» di Alessia Pifferi «non è condizionato da deficit cognitivi». Ma i deficit «sono simulati dall'imputata, forse con un'intenzionalità inconsapevole».

Questo è uno dei tre elementi clinici sottolineati da Elvezio Pirfo, ai fini della diagnosi psichiatrica.

Alessia ha dimostrato «una buona capacità di relazionarsi agli interlocutori per tempi prolungati», tenendo conto che i colloqui prevedevano la presenza di cinque o sei professionisti ogni volta. In diverse circostanze «ha dato l'impressione di modificare il racconto di sé per un'evidente intenzionalità di costruire una narrazione per lei meno responsabilizzante». Inoltre, durante la somministrazione dei test «ha avuto un atteggiamento di amplificazione delle difficoltà psichiche».

Non sono stati apprezzati deficit nelle capacità che interessano la memoria a breve e nemmeno quella a lungo termine. È emersa, invece, una «resistenza alla fatica», una vera e propria «resilienza», intesa come la capacità di sopportare gli eventi avversi.

Il secondo elemento clinico portato alla luce dal perito riguarda il «vuoto affettivo» in cui sarebbe cresciuta Alessia. Un vissuto di «**DEPRIVAZIONE AFFETTIVA**» sia nel contesto familiare sia in quello sociale più allargato. Una condizione che l'avrebbe spinta a strutturare un'immagine di sé povera, fragile, inadeguata e non gratificante.

Da qui il terzo elemento messo in risalto sulla relazione.

Il funzionamento della personalità di Alessia è caratterizzato da due tratti rilevati sia dall'osservazione diretta sia dalla valutazione psicodiagnostica: l'alessitimia e la dipendenza.

L'**ALESSITIMIA** è l'incapacità di esprimere emozioni e provare empatia verso gli altri. L'umore di Alessia è appiattito in una sorta di apatia, in un totale distacco che funge da schermatura affettiva. Non ha la capacità di riconoscere, nominare e descrivere i propri stati emotivi, né tanto meno quelli degli altri.

La **DIPENDENZA** nasce dalla bassissima autostima, da una percezione di sé come incapace di funzionare in modo adeguato senza l'aiuto degli altri. È in quest'ottica che Alessia ha approcciato la sfera del maschile: cercava stabilità e sicurezza da uomini molto più adulti di lei, «che la proteggessero nelle cose della vita quotidiana e la garantissero anche da un punto di vista economico».

Partendo da questi elementi clinici, la diagnosi scritta sulla perizia psichiatrica accerta l'assenza di **DISTURBI MENTALI**. «È possibile affermare che non si configura nessuna condizione psicopatologica che rientri nella classificazione dei disturbi mentali.»

Non sono stati riscontrati né sintomi psicotici tali da fare ipotizzare disturbi deliranti, schizofrenie e disturbi dell'umore di tipo maniacale, né sintomi depressivi gravi. Nemmeno sintomi dissociativi tipici dei disturbi da stress post-traumatico.

Ma solo alcuni tratti disfunzionali della personalità «che non raggiungono la qualità clinica per formulare la diagnosi di un vero e proprio disturbo di personalità».

Quindi, «non essendo dimostrabile né una disabilità intellettiva né un disturbo psichiatrico maggiore né un grave disturbo di personalità, è possibile affermare che Alessia Pifferi, al momento dei fatti per i quali è imputata, era capace di intendere e di volere».

E considerata «la mantenuta capacità di intendere e di volere, non è possibile formulare una prognosi di pericolosità sociale correlata ad infermità mentale».

Infine, Alessia Pifferi è capace di stare in giudizio, data l'assenza di patologie psichiatriche e la «presenza di un funzionamento cognitivo integro e di una buona capacità di comprensione della vicenda giudiziaria che la riguarda, sia in termini di disvalore degli atti compiuti, sia dello sviluppo della vicenda processuale».

Capace di intendere e di volere.

Capace di stare in giudizio.

Nessun vizio di mente.

Alessia Pifferi è solo una persona che al momento dei fatti «ha tutelato i suoi desideri di donna rispetto ai doveri di accudimento materno verso la piccola Diana» e che ha anche adottato «un'intelligenza di condotta», viste le versioni che ha fornito a chi le chiedeva dove fosse la figlia. Versioni differenti a persone diverse, a seconda della convenienza.

«Sic!!»

Un fonosimbolo che da solo esprime più di cento parole.

Tre lettere e due punti esclamativi scritti tra parentesi nella memoria del pubblico ministero datata 22 gennaio 2024.

Francesco De Tommasi punta il dito sull'attività delle psicologhe di San Vittore e dell'avvocata Alessia Pontenani, i cui nomi finiscono nel registro degli indagati per falso ideologico e favoreggiamento.

«La relazione inviata dalla casa di reclusione, nella quale addirittura e in modo del tutto inverosimile si sostiene che la donna avrebbe un quoziente intellettivo pari a 40 (sic!!), è il frutto di un lavoro in un certo qual modo "clandestino".»

Il PM non crede ai punteggi dei test di Alessia Pifferi. Li giudica non attendibili e ottenuti in modo irregolare. Illecito.

Secondo gli elementi in suo possesso, le psicologhe avrebbero svolto una vera e propria attività di consulenza «privata» e «difensiva» nei confronti dell'imputata, oltrepassando di gran lunga i confini delle loro competenze e commettendo «violazioni e omissioni significative». Fino a fornire un punteggio di QI «metodologicamente viziato» da una «somministrazione non corretta» e anche da «risposte forse fornite in modo collaborativo o espressamente avversativo verso il buon esito della prova».

Le conclusioni dei consulenti tecnici della procura sui risultati del test WAIS confermano che quanto attestato dalle psicologhe «sia falso e che la donna sia stata manipolata e aiutata».

La relazione sulle scarsissime capacità cognitive di Alessia sarebbe stata preparata «esclusivamente per fornire una "pezza d'appoggio"» al fine di «poter fondare con successo una richiesta di perizia psichiatrica sull'imputabilità, con il filtro di un'ulteriore consulenza difensiva, quella del dottor Garbarini, che nelle sue valutazioni si è limitato a prendere atto e a "prendere per buona" la relazione del carcere, come da lui stesso dichiarato in dibattimento».

Il PM parla di «gravi indizi di colpevolezza» a carico delle indagate. Dal diario clinico trasmesso non completo agli esiti delle attività di intercettazione, che dimostrerebbero come le psicologhe «abbiano interferito gravemente in un processo che vuole e deve rendere giustizia a una bimba in tenerissima età».

Non avrebbero solo inquinato il quadro probatorio, ma anche convinto Alessia di non essere colpevole, allontanandola dalle proprie responsabilità.

Accuse pesanti, che aprono un nuovo fascicolo di inchiesta. Ma anche una crepa all'interno della procura, portando la PM coassegnataria Rosaria Stagnaro a lasciare l'incarico per «totale dissonanza» con la linea tenuta dal collega.

Una bambina.

Così don Agostino Brambilla definisce Alessia. È il sacerdote che l'ha vista crescere e che ha celebrato il suo matrimonio. Un parroco di settantanove anni, la cui voce ha la forza di fare riflettere. Non perché sia un religioso, non perché confidi nel perdono che Dio gli ha insegnato. Ma perché ha la sensibilità di chi vive a contatto con i più fragili, con i bisognosi, con gli emarginati. Sa vedere sotto la superficie.

«Alessia era bambina a nove anni, a diciannove anni, a ventinove.» E oggi è «una bambina adulta» che «non è stata in grado di fare una scelta». Ha lasciato morire la figlia perché non aveva gli strumenti per evitarlo. «La notizia della piccola Diana mi ha commosso profondamente. Però, era una tragedia prevedibile.» Alessia non è mai cresciuta. «Sua figlia era una bella bambola, certamente una bambola amata: un bambino ama la bambola come fosse un figlio, però quando ha un problema... si dimentica della bambola.»

Dal suo punto di vista, Alessia «non è malvagia» e «non ha agito per cattiveria». Non è una madre assassina, non è un mostro. È una donna immatura che non aveva le capacità di essere madre. «Una donna che non va colpevolizzata ma aiutata.»

Ha scritto una lettera all'avvocata Pontenani per ringraziarla di avere assunto la difesa di Alessia. Si è offerto di andare a trovarla a San Vittore: vorrebbe darle conforto, affinché prenda coscienza. E spera che il carcere possa essere la scuola per trasformarla in donna. Ma non crede nell'ergastolo: «Sarebbe come non darle speranza».

«La signora Pifferi vorrebbe fare dichiarazioni spontanee.»

L'avvocata Pontenani è in piedi di fronte alla Corte, quando annuncia che la sua assistita è pronta a parlare. È il 12 aprile 2024.

Alessia ha i capelli raccolti in una coda, non c'è più la crescita grigia che le telecamere avevano ripreso nel corso delle udienze precedenti. Indossa una giacca nera gessata sopra un top bianco. Rossetto rosso e rosario al collo. Quel **ROSARIO** che le ha regalato la sua legale e da cui lei non si separa mai quando è in aula.

Mentre le sistemano il microfono, Alessia guarda dritto verso la Corte, cerca gli occhi del presidente.

«Buongiorno, signor giudice. Mi sono permessa di fare un foglio, dove mettere su degli appunti di alcune cose che vorrei dire, perché ultimamente mi dimentico spesso le cose, con la memoria ho dei problemi.»

È visibilmente tesa quando piega lo sguardo sul pezzo di carta.

«Allora, vorrei partire dalla mia infanzia. La mia infanzia, io sono sempre stata una bambina isolata, non avevo amici della mia età. Mi ricordo che a scuola avevo questa insegnante di sostegno, con un altro bambino con me che faceva questo sostegno.»

La voce trema, le mani pure.

«Mi ricordo che in famiglia... mio papà purtroppo aveva un carattere un po' violento, alle volte picchiava anche mia mamma, e io assistevo a queste sceneggiate.»

Deglutisce, sembra scegliere le parole.

«Io ho subito un abuso sessuale che avrò avuto, non ricordo bene se dieci anni o undici anni, ma non l'ho mai detto alla mia famiglia per paura di non essere creduta e per vergogna.»

Si è segnata un elenco di punti e li segue con attenzione.

«Sono stata levata da scuola per accudire mia madre che ebbe un incidente molto grave, e io non ho più potuto riprendere gli studi che avrei voluto continuare.»

«Mio papà, ricordo che voleva comprare, quando è andato in pensione... voleva comprare una salumeria per me e per mia sorella, solo che poi mia sorella ebbe suo figlio e con un bambino piccolo non sarebbe potuta venire a lavorare, quindi non la comprò più.»

«Io vivevo con pochissimi soldi.»

«Tutti gli uomini che ho avuto mi prendevano in giro e giocavano con me, dicendomi che avevano malattie, patologie.»

Si concede una pausa, forse un respiro più profondo degli altri. Sta per fare la dichiarazione per cui verrà giudicata: deve essere credibile.

«Io, quello che voglio dire oggi, davanti a tutta Italia e a lei signor giudice...» prova ad alzare gli occhi, ma li riabbassa subito «...è che io non ho mai voluto fare del male a mia figlia. Io non ho ammazzato mia figlia.» È probabile che lo pensi davvero, perché per lei uccidere significa strozzare, accoltellare, annegare. Non valuta l'omissione come un'azione diretta. Nella sua testa ha abbandonato Diana, ma non l'ha uccisa. «Non ci ho mai pensato, non mi è mai proprio passato neanche per la mente di uccidere mia figlia.» Fissa il giudice, in attesa. Come se si aspettasse un cenno di comprensione. «Non è stata una cosa premeditata. Mai pensavo che nella mia vita potesse accadere una cosa del genere alla mia bambina Diana.»

Le labbra si stringono, prima di cambiare discorso.

«Quello che so, è che io e mia sorella non abbiamo mai avuto buoni rapporti sin da che ero piccola: mi ha sempre odiata e non ne capisco ancora oggi il perché.»

Il tono è una cantilena monocorde. Lenta, incessante.

«Non sapevo anche di tutte le problematiche che avevo, le ho scoperte tramite la televisione queste cose, grazie alla mia avvocatessa Pontenani che è riuscita a trovare tutti i documenti che attestano tutte le patologie che io ho, perché io non sono stata messa al corrente di niente da parte della mia famiglia. Né da mia madre, né da mio padre, né da mia sorella, né da nessuno... che se l'avessi saputo, comunque sia, delle patologie che avevo, penso che avrei fatto un percorso psicologico o puramente psichiatrico. Non lo so quello che dovevo fare, comunque sia, mi sarei curata e penso che oggi non ci troveremmo qui in una situazione così brutta.»

Affronta anche il tema del carcere, del «Buongiorno, assassina» con cui la salutano le altre detenute, che di notte le urlano: «Mostro!» Racconta di essere bersaglio di insulti e di sputi. Di essere stata picchiata. Si lamenta per non avere accesso ai corsi e sostiene di temere una depressione.

Come se nella sua testa avesse tutto lo stesso peso, torna a parlare di Diana.

«Non c'è né giorno né minuto che non penso a mia figlia Diana.» La definisce «il più bel regalo» della vita.

Forse per paura di non essere stata sufficientemente incisiva, rimarca il concetto. Le parole sono le stesse: quelle che si è scritta, che ha imparato e che si è ripetuta più volte. Nella sua mente c'è anche l'idea dell'Italia, tanto astratta quanto singolare. L'Italia per lei rappresenta il mondo di persone che la ascolta e che la giudica.

«Quello che vorrei ribadire davanti a tutta Italia, è che io non ho mai pensato né mai premeditato che potesse accadere una cosa così orribile a mia figlia.» Sottolinea la frase scuotendo la testa. «E questo vorrei che fosse chiaro a tutta Italia, soprattutto a voi.» Si rivolge alla Corte. «Non ho mai tentato né voluto ammazzare, non mi è mai passato per la testa di ammazzare mia figlia. Assolutamente, signor giudice.»

È proprio negli occhi di quel giudice dai capelli bianchi che cerca conforto, ancora una volta. Ha l'espressione di una bambina che spera che il padre le dica: «Va tutto bene».

Non va tutto bene.

Tutto è andato per il verso sbagliato. Prima, durante, dopo. Anche le sue dichiarazioni suonano stonate.

«Ha concluso?» le chiede il giudice. Non è accogliente come lei si era augurata. È severo, autoritario.

Alessia chiude il foglio. Pensa. È l'ultima occasione per dire qualcosa su quella sedia, su quel banco. In quella posizione.

«Per me non è stato facile parlare qui oggi, perché è una cosa molto dolorosa.» Forse dovrebbe fermarsi. Ricordare Diana. Chiederle scusa. Ma forse la sua incapacità di provare empatia glielo impedisce.

Riparte da sé stessa, dal fatto che avrebbe voluto proseguire gli studi e che in carcere la quotidianità è difficile.

«E ripeto, io sto già pagando il mio ergastolo avendo perso la mia bambina.» Il suo spazio e il suo tempo stanno per finire. «Non sono né un'assassina né un mostro, sono solo una mamma che ha perso sua figlia.»

Sospira, ha perso anche il filo. E un'opportunità.

«Alessia Pifferi è una bugiarda.»

Il pubblico ministero non ha dubbi. Non ne ha mai avuti.

Inizia la requisitoria, nella sua mente c'è Diana. E un solo obiettivo: offrirle giustizia. Vuole che lo si veda, che lo si senta. Forse vuole addirittura dimostrare che assistere Diana è diventata una missione, al di là del compito istituzionale, del ruolo. Dell'ambizione.

Toga e camicia bianca, cravatta lilla. In piedi, dietro una pila di documenti e un computer portatile con la traccia della discussione, Francesco De Tommasi ripercorre gli attimi drammatici dei sei giorni in cui Diana è rimasta da sola. Senza acqua, cibo, cure.

«Ma perché Diana Pifferi si trovava sola in casa? Si trovava sola in casa perché la madre, anziché adempiere ai propri doveri, l'ha lasciata sola ed è andata via. È corsa dal suo compagno dell'epoca.»

La voce risoluta taglia il silenzio, attraversa l'aula. Alimenta gli interrogativi.

«Oggi ci è venuta a dire che lei non voleva uccidere la figlia e che non è un'assassina. E allora bisogna chiedersi, se questo è vero, per quale motivo ha sentito sin da subito il bisogno di giustificare con il compagno l'assenza di Diana?»

Quello è il punto, e lui è lì per evidenziarlo.

«Il dibattimento ha dimostrato che Alessia Pifferi è una bugiarda, è una che racconta bugie e utilizza le bugie per eludere, a suo modo, gli ostacoli che la propria esistenza le pone di fronte ogni giorno. Perché è una persona che ha tanti obiettivi personali egoistici, tanti desideri rimasti insoddisfatti, evidentemente. E qual è la prima bugia che racconta al compagno? Quella di avere lasciato la propria bambina Diana in compagnia della sorella Viviana, questa è la versione per giustificare l'assenza di Diana.» I suoi occhi guizzano sui volti dei presenti, per poi fermarsi in quelli del presidente della Corte. «Alessia Pifferi sa benissimo, è perfettamente consapevole che quello che ha appena fatto e che sta facendo... minuto dopo minuto, ora dopo ora, istante dopo istante... è qualcosa che non si fa. Anche un bambino è in grado di comprenderlo, sia pure istintivamente. Lei sa benissimo che il suo è un comportamento gravissimo, e che la piccola Diana a causa di questo comportamento è esposta a dei rischi enormi.»

Prosegue, puntualizza, insiste.

«Vuole divertirsi, senza essere vincolata ai suoi doveri di madre.»

Usa parole efficaci, incisive.

«Il suo desiderio più recondito, più nascosto, è quello di essere una diva, di essere un'attrice, di essere una persona al centro dell'attenzione... e oggi, sia pure a scapito della figlia, in qualche modo ci è riuscita.»

È determinato a strappare la maschera di Alessia Pifferi per svelare quella che lui pensa sia la sua vera faccia.

«L'imputata grida con forza e fa di tutto per accreditarsi ai vostri occhi come una persona che ha delle problematiche mentali... è uno sforzo vano il suo, è uno sforzo inutile, perché ogni volta che parla e apre bocca, si presenta per quella che è realmente, ossia una persona capace, lucida e con una strategia da mettere in atto sempre, pur di raggiungere quello che è l'obiettivo del momento.»

De Tommasi gesticola per dare enfasi a ciò che afferma. Scandisce le frasi e modula il tono. Sa come farsi ascoltare.

«Non c'era nulla che potesse consentire a una bambina di un anno e mezzo con quaranta gradi di temperatura di resistere per sei giorni alla fame e alla sete che ha avvertito.» Si interrompe per qualche secondo, prima di affondare il colpo. «Tanto che, com'è noto, presa dai morsi della fame ha mangiato una parte del pannolino che indossava, e su questo è stato eseguito un accertamento che non lascia dubbi.» La sua voce tuona. «Quindi, questa bambina si è mangiata il pannolino, nella solitudine più assoluta!»

Mostra le foto di come è stata rinvenuta Diana.

Il clima si fa ancora più teso. Cupo.

Qualcuno rimane pietrificato, qualcuno si commuove, qualcun altro sposta lo sguardo. Le labbra di Alessia si piegano in un'espressione difficile da interpretare. Come se non vedesse ciò che ha di fronte, come se l'immagine non fosse in grado di farle tornare alla mente quei ricordi strazianti. Come se stesse pensando a qualcosa di diverso. Ma a cosa?

«Ovviamente, era immediatamente visibile che la bambina era deceduta, in quanto presentava già segni di decomposizione o comunque segni che erano inconfutabilmente riconducibili già a una morte certamente avvenuta.»

De Tommasi vuole scuotere le coscienze.

«È una bambina che sa solo sorridere, che non sa camminare, che ha solo bisogno di cure, di assistenza, di aiuto. Che ha bisogno di sua madre. Invece, viene trovata annerita, nera. Avrà forse chiamato sua madre per chiederle aiuto. Ma la madre non c'era... Presidente, la madre era fuori a divertirsi. Ignorando i bisogni della figlia, non preoccupandosi delle necessità della figlia, perché l'unico desiderio che aveva era quello di alimentare questa relazione amorosa.»

È convinto che ci sia stata premeditazione, che Alessia abbia valutato la capacità di sopravvivenza di Diana nei weekend precedenti.

«Questa progressione criminosa via via crescente arriva sino a quando l'imputata raggiunge il suo obiettivo, quello di sbarazzarsi della figlia. È vigliacca in questo: lascia al destino il compito di sbarazzarsi della figlia.»

Mette un ulteriore accento.

«Nel caso di specie, non era altamente probabile la morte di Diana, era certa come conseguenza di quella condotta.»

Ha gli occhi puntati addosso, è riuscito a catalizzare l'attenzione e a tenerla stretta per il lungo tempo della discussione. È pronto a pretendere giustizia per Diana.

«Omicidio volontario aggravato. Io vi chiedo l'ergastolo per Alessia Pifferi.»

È allo scatto finale, dopo cinque ore di requisitoria, in cui ha riportato le lancette a quei penosi sei giorni di luglio, cristallizzando il visino di Diana nei pensieri di tutti.

«Per avere tradito la fiducia della propria figlia, commettendo quello che è il più grave delitto di cui una mamma può macchiarsi, io vi chiedo l'ergastolo per Alessia Pifferi.»

Ogni suo movimento è orientato alla Corte: parole, sguardo, gesti.

«Per avere tentato vigliaccamente di sottrarsi alle proprie responsabilità, cercando di farsi passare per un soggetto affetto da una patologia cognitiva in grado di incidere sulla sua impunibilità, io vi chiedo l'ergastolo per Alessia Pifferi.»

Fissa un punto indefinito, come se vedesse Diana davanti a sé. O come se ne percepisse la presenza.

«Per avere consapevolmente inflitto alla propria figlia sofferenze atroci e inimmaginabili, per averla condannata a un terribile destino, privandola così troppo presto della possibilità di farsi una vita, io vi chiedo l'ergastolo per Alessia Pifferi.»

Ergastolo. Continua a ripeterlo, irremovibile.

Ha superato la linea del traguardo. Sente di averci messo testa e cuore. La testa è sempre stata alla guida, ma è ora di lasciare parlare il cuore.

«Oggi, idealmente finisce il mio cammino accanto a Diana...» La voce si rompe mentre le lacrime annebbiano la vista. Le dita frugano nelle tasche alla ricerca di un fazzoletto. Francesco De Tommasi soffia il naso, prima dell'ultima richiesta. Che suona come una preghiera. «La affido a voi, abbiatene cura.»

«Perché nessuno si è mai accorto che Alessia avesse dei problemi? Perché non ha mai dato problemi. Non è una psicotica, è una ragazza che è cresciuta nell'assoluto isolamento morale, culturale. Entra in un limbo in cui sparisce. Non frequenta amici, non frequenta amiche, è sempre in casa. Non esce mai.»

È il 13 maggio 2024. Il momento dell'arringa della difesa. Alessia Pontenani sa di dovere percorrere una strada in salita, ripida e accidentata. Lo fa con la fermezza che l'ha contraddistinta in tutte le fasi del processo. Del resto, non ha mai dimostrato un segno di cedimento, nemmeno quando ha saputo di essere stata indagata mentre svolgeva il proprio lavoro. È l'unica persona rimasta vicino ad Alessia Pifferi. Forse è quella che l'ha ascoltata di più, all'infuori delle sedute di valutazione psichiatrica. In un anno le ha dato le attenzioni che non ha ricevuto in tutta la vita. È lei che ha raccolto le sue confidenze, le sue paure. Ed è lei ad averle prestato i vestiti da indossare durante le udienze. Lo ha fatto perché pensa di avere conosciuto l'Alessia che nessuno ha voluto vedere. L'Alessia lasciata sola a convivere con le conseguenze del proprio deficit cognitivo. L'Alessia che va curata. Anche per lei è diventata una missione.

Esordisce spiegando che Alessia Pifferi è cresciuta «nell'incuria e nell'abbandono» e rammenta la sua infanzia: dagli incontri con la neuropsichiatra infantile ai disegni che esprimevano disagio, al bisogno di dormire nel lettone con il ciuccio fino a undici anni, a quando «andava in giro con una pezzuola, che si portava ovunque e con cui si accarezzava il viso». Riporta la testimonianza di don Agostino Brambilla, che ricorda Alessia come una bambina sola, assetata di affetto.

«Così desiderosa di affetto da diventare pericolosa» rinforza l'avvocata. Che poi si sofferma sull'abuso sessuale. Sul contesto familiare reso complicato da «un padre violento con una pessima gestione del denaro». Sulla decisione di farle rinunciare alla scuola a favore di un'assistenza medica alla madre.

«Questa bambina ha problemi da quando ha sei anni. Non voglio pensare che con cattiveria la famiglia si sia disinteressata. Probabilmente, anche la famiglia non aveva gli strumenti per comprenderlo. Forse hanno pensato che a un certo punto, con la pubertà, le cose sarebbero cambiate. Oppure, che a un certo punto non sarebbe stato più un problema loro.»

Il racconto continua con l'elenco di tutte le persone in ruoli chiave che si erano rese conto delle difficoltà di Alessia, tanto da informare la famiglia.

«Alessia arriva all'istituto tecnico, dove si accorgono che c'è qualcosa che non va. L'insegnante di sostegno chiama la madre, chiama i genitori, visto che ha dei problemi cognitivi e non ce la fa a stare dietro alla scuola. Che cosa succede? Il giorno dopo che la famiglia riceve questa missiva, la signora Maria, quella che non sa nulla dei problemi della figlia, scrive che non vuole che Alessia abbia l'insegnante di sostegno.»

E poi il matrimonio con un uomo che non la aiuta a emanciparsi, il sogno di essere madre, l'aborto spontaneo e il ricovero in ospedale per la chemioterapia.

«Anche in quel caso, Alessia Pifferi venne sottoposta a controlli psicologici. Alessia mi ha raccontato che la psicologa incredibilmente chiamò il marito, che andò a parlare, e chiamò la mamma, che non andò a parlare. Questo è importante perché dimostra che anche al San

Gerardo di Monza si erano accorti che c'era qualcosa che non andava. Perché una persona di trent'anni va dallo psicologo in autonomia, non vengono chiamati né la mamma né il marito.»

Seduta alla destra della donna che la sta difendendo, forse l'unica che si sia mai esposta per proteggerla, Alessia piange. Si asciuga le lacrime, si strofina il naso, mentre il ritrattista presente in aula disegna «lo sguardo assente», «il vuoto» che vede nei suoi occhi.

L'avvocata dedica una parte significativa della discussione al rapporto di dipendenza che Alessia aveva nei confronti degli uomini, alla gravidanza negata e misconosciuta dal suo inconscio, alla decisione di prostituirsi. Attribuisce la colpa della scelta di non passare da casa quel lunedì alla mancanza di coraggio nell'affrontare il compagno.

Soprattutto, respinge a gran voce l'accusa che Alessia avesse pianificato la morte di Diana. Usa parole forti per provarlo.

«La prima cosa che fa è accorgersi che la bambina non era seduta sul lettino ma stesa. Le bagna la fronte. Poteva metterla in un sacchetto dell'Esselunga, non se ne sarebbe accorto nessuno. Invece scende in strada, perché non era in grado di chiamare i soccorsi da sola, e chiede aiuto a una signora.»

Esprime dei dubbi su quanto accaduto durante il primo interrogatorio davanti al pubblico ministero.

«Quella famosa notte, Alessia Pifferi avrebbe dovuto essere interrogata in maniera differente, perché chi ha un ritardo mentale tende a rispondere in maniera accondiscendente all'interlocutore, per dimostrare che è adeguato.»

Non teme di dare il proprio parere sull'operato delle psicologhe.

«Le psicologhe del carcere, quando la vedono, capiscono che c'è qualcosa che non va, quindi la sottopongono a visite continue. Alessia è completamente sola, le uniche persone che vede sono i difensori e le psicologhe. Le psicologhe scrivono chiaramente, ben prima del test di WAIS, che Alessia non si rende conto delle sue azioni.»

Suggerisce la sussistenza di una responsabilità allargata.

«Io capisco il dolore della famiglia, forse anche la paura di essere, giustamente, presi in causa. Non sono i soli a essere responsabili.»

Con le mani ben salde al banco, Alessia Pontenani si protende verso la Corte. Tra la toga e la pettorina a balze di seta bianca, si scorge una blusa verde. Brillante come la determinazione e la speranza che la animano in quel momento.

«Se io dovessi togliermi il famoso cencio nero che ho sulle spalle, vi direi che Alessia Pifferi è un mostro. Da donna e da madre, come tante persone all'interno di quest'aula e sicuramente anche voi della Corte... molti di noi hanno figli. Alessia Pifferi ha fatto una cosa terribile, tremenda. Una cosa alla quale è difficile anche solo pensare. È stata definita "una donna lussuriosa", questa cosa mi fa sorridere conoscendo Alessia Pifferi... ma qui non stiamo dando giudizi morali sulla signora, non è il nostro compito. Qui si tratta di applicare la legge e di applicarla nel miglior modo possibile. E questo è il vostro compito.» Affonda gli occhi in quelli del presidente. «Io vi chiedo l'assoluzione per Alessia Pifferi. È evidente che Alessia Pifferi non volesse uccidere la bambina, l'ha detto sin dall'inizio.»

Sostiene con decisione che Diana ha perso la vita in conseguenza all'abbandono.

«Esiste un reato nel nostro codice...» fa una pausa per

ottenere ancora più attenzione «...che è l'abbandono di minore. Esiste. Ci siamo: è il nostro caso.» Lascia scorrere qualche altro secondo di silenzio. «Perché non condannare Alessia Pifferi per abbandono di minore?»

Argomenta la propria tesi.

«Non c'è stata volontarietà nella causazione della morte di Diana, non c'è stata nessuna predeterminazione. Non è credibile che una persona faccia le prove e che sia così vigliacca, come l'ha definita il pubblico ministero: "Un'attrice vigliacca", da lasciarla un weekend, due weekend, una settimana... non c'è nessuna prova. Non le avrebbe lasciato da mangiare, oppure l'avrebbe fatta sparire. Se voleva ucciderla, l'avrebbe fatta sparire, insisto, e nessuno me lo può togliere dalla mente.»

Immobile, concentrata verso la Corte, l'avvocata si domanda se si voglia davvero credere che Alessia sia in grado di intendere e di volere.

«Perché non riconoscerle comunque le attenuanti generiche? Perché è un'attrice? Perché ha recitato di fronte a tutti noi? Perché ci ha preso tutti in giro? Allora è bravissima. Ha preso in giro me, ha preso in giro il dottor Garbarini, ha preso in giro la dottoressa Bramante. Ha preso in giro anche voi, allora. Il pubblico ministero ha detto che non ci sta a farsi prendere in giro. Ma Alessia non ha preso in giro nessuno.» Ribadisce il pensiero: «Questa è una tragedia e come tale va affrontata».

C'è ancora un concetto a cui vuole dare risalto: l'abbandono che genera abbandono.

«Nella sua conclusione, il pubblico ministero ha detto che adesso il suo lavoro era finito e vi lasciava nelle mani Diana. Io farò di più: vi lascio nelle mani Alessia e Diana, perché è veramente ora che entrambe queste persone sfortunate abbiano giustizia. Perché, vedete... è incredibile come la storia si ripeta. Analizzate brevemente: una bambina lasciata dalla madre, che a sua volta lascia la propria figlia.» Tiene lo sguardo fisso sulla Corte. «Lui vi ha lasciato Diana, io vi lascio Alessia. Adesso sta a voi decidere.»

«In un momento del processo, Alessia è stata descritta come una bambina di sette anni. C'è solo una bambina e solo una vittima in questo processo, si chiama Diana. C'è solo una bugiarda e un'attrice in questo processo, si chiama Alessia Pifferi.»

La replica del PM non si fa attendere. Insiste sulla premeditazione e sulla richiesta di una pena esemplare.

«Vi chiedo di avere pietà di Diana. E ad Alessia Pifferi, donna senza speranza, date la speranza della pena. Datele la possibilità di affrontare, attraverso la sofferenza della pena, il dolore che prima o poi le esploderà dentro. Non concedetele alcun beneficio, perché ha mentito sulla vita di sua figlia. L'ha tradita due volte: quando l'ha lasciata sola e quando in questo processo non si è assunta le sue responsabilità. Condannatela all'ergastolo e avrete dato verità e giustizia a Diana.»

In aula regna la tensione, quando Ilio Mannucci Pacini, il presidente della Corte, legge la sentenza.

«Repubblica Italiana, in nome del popolo italiano, la Corte d'Assise di Milano ha pronunciato sentenza nel procedimento nei confronti della signora Alessia Pifferi. Dichiara l'imputata Pifferi Alessia colpevole del reato a lei ascritto in rubrica. È esclusa la circostanza aggravante della premeditazione. La condanna alla pena dell'ergastolo, nonché al pagamento delle spese processuali e a quelle di mantenimento durante la custodia in carcere. Condanna l'imputata al risarcimento dei danni in favore delle parti civili costituite, assegnando una provvisionale immediatamente esecutiva di ventimila euro in favore di Viviana Pifferi e di cinquantamila euro in favore di Maria Assandri. L'udienza è tolta.»

Fine pena mai, per Alessia Pifferi.

Pur escludendo l'aggravante della premeditazione, la sentenza ha accolto le richieste del pubblico ministero confermando il massimo della pena.

Ma il viaggio nella mente di Alessia non è terminato. Continua con il ricorso in appello e con i passi che verranno ritenuti necessari per capire in modo definitivo quale sia il suo stato di salute mentale.

Alessia Pontenani ha raccolto una serie di documenti sanitari che potrebbero dimostrare la disabilità intellettiva di Alessia sin dall'età scolare.

Quelli recuperati dal Policlinico di Milano attestano che ad Alessia Pifferi era stato riconosciuto un handicap psichico, requisito che le dava la possibilità di accedere alle misure di sostegno previste dalla legge 104. La norma detta i principi generali inerenti i «diritti di integrazione sociale e assistenza della persona handicappata», al fine di assicurare un supporto adeguato sia agli individui disabili sia ai familiari che si prendono cura di loro.

La documentazione sanitaria risale al 21 febbraio 1995, Alessia ha dieci anni quando lo psicologo riscontra la presenza di **TURBE PSICHICHE**, disturbi psichici, gravi ritardi psicomotori e cognitivi, gravi difficoltà di apprendimento. Tanto da richiedere un sostengo psicodidattico in suo favore.

Qualche anno dopo, sulla pagella di terza media i docenti mettono nero su bianco «portatrice di **HANDICAP**».

E poi ci sono i fascicoli sanitari conservati nell'archivio dell'ospedale San Gerardo di Monza, redatti durante il suo ricovero nel 2008.

Documenti che non possono e non devono essere sottovalutati, perché sono fondamentali per esplorare il vissuto di Alessia, per ricostruire il suo quadro personologico. Per approfondirne la sfera cognitiva. Per comprendere, una volta per tutte, il funzionamento del suo pensiero e scoprire se sia condizionato da deficit e in quale misura. Per valutare quanto la sua eventuale disabilità intellettiva possa avere influito sulla capacità genitoriale. Per provare a spiegare in modo risolutivo perché quel giorno abbia scelto di assecondare il compagno anziché correre dalla figlia, condannandola così a morire di stenti.

Documenti che, qualora dimostrassero con certezza l'esistenza di un grave problema cognitivo, renderebbero non attendibile il test della simulazione, su cui si basa la conferma della capacità di intendere e di volere di Alessia. E richiederebbero una nuova perizia.

Documenti che potrebbero testimoniare che Alessia non avrebbe dovuto essere lasciata da sola ad affrontare la vita di donna. Tanto meno quella di madre.

Essere invisibili.

Capace o no di intendere e di volere, Alessia ha abbandonato la propria figlia, causandole la morte. Ha mentito, è vero. Ma se tutti sapevano che era una bugiarda, perché nessuno ha verificato dove fosse Diana? Perché nessuno si è fatto venire il dubbio? Perché nessuno ha mai sentito piangere la bambina? Perché nessuno si è mai accorto che non crescesse in salute? La risposta è semplice, sebbene dolorosa. Perché a nessuno interessava veramente. Diana era invisibile e lo era anche Alessia. Forse è troppo anche solo da pensare, ma entrambe potevano contare unicamen-

te sul rapporto che le legava. Alessia aveva Diana. Diana aveva Alessia. Diana lo sentiva e dimostrava gratitudine alla madre con i propri sorrisi. Alessia l'ha capito tardi, o forse non lo capirà mai.

E allora, cosa rimane dopo tanta sofferenza?

Credo dovremmo chiederci quante altre Diana e Alessia ci siano là fuori. Quante altre esistenze invisibili corrano il rischio di trovare la morte nell'indifferenza. Se non possiamo fare più niente per Diana e Alessia, forse possiamo adoperarci per evitare che succeda ancora.

Questo capitolo è stato il più difficile da scrivere. Per ciò che ho visto, per ciò che ho ascoltato. Per ciò che ho provato, vissuto, sentito nel profondo.

Per la consapevolezza che hanno suscitato in me le parole del PM, quando ha detto che, se Diana fosse viva, sorriderebbe ancora alla madre.

Sì, se Alessia fosse tornata a casa in tempo, Diana avrebbe teso le braccia verso di lei e le avrebbe sorriso. Nonostante tutto.

Perché i sorrisi erano il suo modo di ringraziare.

Per l'amore che non aveva.

Per l'affetto che le mancava.

Per le attenzioni che non riceveva.

Per la bellezza del mondo che non conosceva.

Per la felicità di cui ignorava il significato.

Le avrebbe sorriso, perché quel nulla che Alessia le aveva dato rappresentava il suo tutto. Il suo presente e la sua speranza di futuro. Ma purtroppo, quel nulla era talmente misero da non consentirle di raggiungere alcun futuro.

INDICE

Finito di stampare nel mese di ottobre 2024
su carta holmen
con fibra vergine proveniente da foreste sostenibili holmen.com/paper
presso Grafica Veneta S.p.A.
Via Malcanton, 2 – Trebaseleghe (PD)
Printed in Italy

Certificato PEFC
Questo prodotto è realizzato con materia prima da foreste gestite in maniera sostenibile e da fonti controllate
PEFC/18-31-226
www.pefc.it

GRAFICA VENETA
CARBON NEUTRAL

Questo libro è fabbricato da Grafica Veneta S.p.A.
con un processo di stampa e rilegatura certificato 100% carbon neutral
in accordo con PAS 2060 BSI